BUT? 2 생활지도에 갇힌 학교

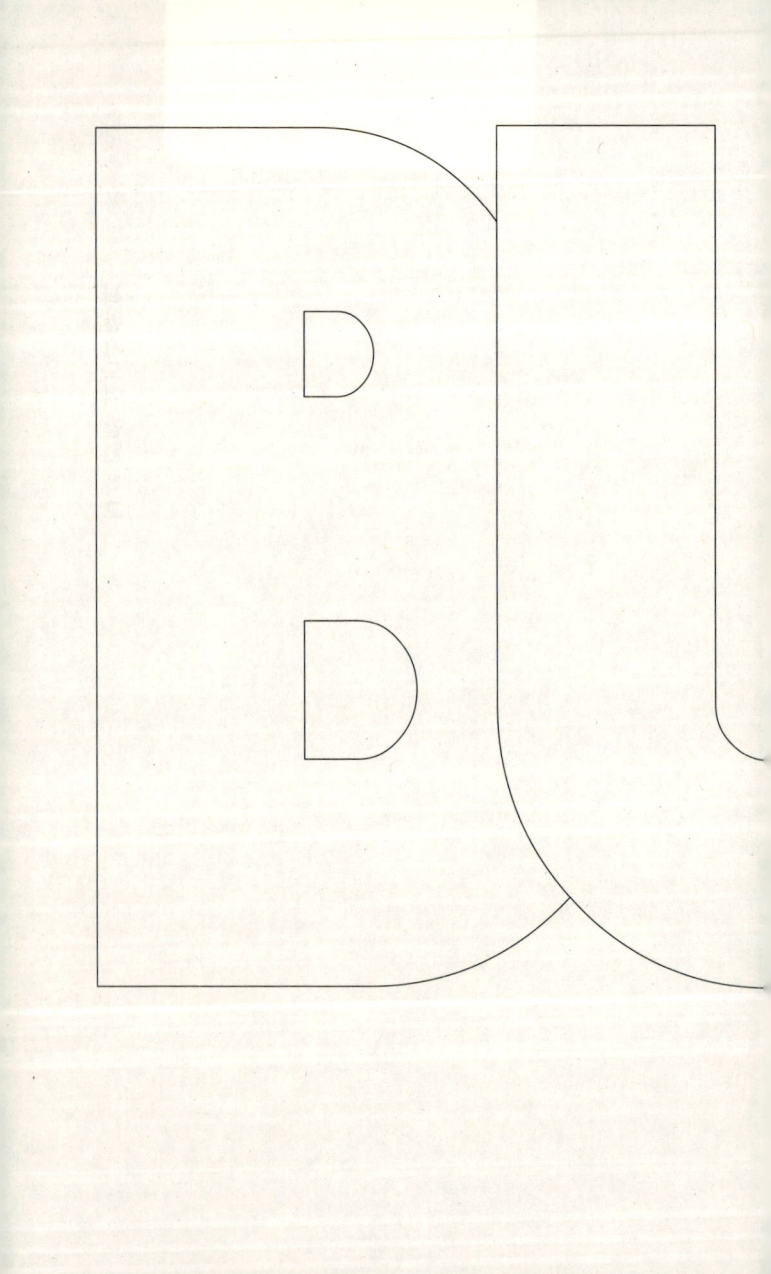

BUT? 2

생활지도에 갇힌 학교
─ 통제와 처벌, 분리의 벽을 넘어

하영 + 조영선 + 조경미 + 이윤승 + 새시비비

차례

들어가는 글 6

2023년, 생활지도를 둘러싼 이상한 논쟁 16

생활지도란 무엇인가 40

휴대전화, 만악의 근원일까 62

학생 분리, 정상성으로 경계 짓기 84

장애 학생에게 생활지도 고시란 110

젠더·섹슈얼리티 사례로 보는,
다양성을 거부하게 하는 생활지도 135

생활지도 고시가 학교에 가져오는 딜레마 156

민주적인 규칙과 학생인권이 필요하다 206

저자 소개 229

| 들어가는 글 |

2023년 7월, 서울의 한 초등학교에서 신규 교사가 사망한 사건 이후, '교권 강화'를 촉구하는 목소리가 커졌고, 교육부는 2023년 9월 1일 자로 「교원의 학생생활지도에 관한 고시」(생활지도 고시)를 시행했다. 서울시교육청의 한 장학사는 생활지도 고시의 핵심을 다섯 가지로 짚었다. "1. 수업 중 휴대전화 사용 불가능! 2. 학생 분리 가능! 3. 보호자 인계 가정학습 가능! 4. 물품 분리·보관 가능! 소지 물품 조사 가능! 5. 생활지도 불응 시 조치 가능!"*

---

* 김민주(2023), 〈복잡한 「교원의 학생생활지도에 관한 고시」 톺아보기〉, 《서울교육》, 253호.

실제로 이 다섯 가지는 빠르게 학교 현장으로 들어왔다. 각 학교에서는 생활지도 고시의 내용에 따라 생활규정 등 학칙 개정을 즉각 추진했다. 고시안이 발표되고, 학교에서 효력이 발휘되는 데까지는 고작 3개월도 걸리지 않았다. 학교들은 생활지도 고시의 시행과 학칙 개정 사실을 가정통신문, 웹페이지 등을 통해 고지했다. 일부 학교들에서는 생활지도 고시 해설서에 제시된 '모두의 학교 문화 만들기 책임 규약'(준법 서약서) 서명을 받는 등 고시에 따라 개정된 학칙에 따르겠다는 '약속'을 학생들에게 받기도 했다.

이 책은 이런 상황 속에서 생활지도 고시의 내용과 학교 현장의 모습들을 살펴봄으로써, '생활지도(권)의 강화'가 학교의 문제점을 해결할 수 있을지 비판과 의문을 제기하고자 한다.

생활지도 고시가
느끼게 한 무력감

학생인권에 연대하고 모두가 존중받을

수 있는 학교를 그리는 모임 '연대하는 교사잡것들'에서는 생활지도 고시의 시행과 함께 학교의 모습이 어떻게 바뀔지에 대한 우려를 오랫동안 나누어 왔다. 2023년 이후 학생인권조례 폐지가 교권을 회복할 방안 중 하나로 논의되고 있고 실제로 학생인권조례 폐지안이 의회에서 가결된 지역도 있다. 이런 사회적 맥락 속에서 생활지도 고시는 학교라는 공간 안에서 교사와 학생의 역할을 협소하게 제한하는 것으로 이해될 수밖에 없었다. 학생들은 교사의 훈육과 훈계에 따르고, 어길 경우 물품 분리(압수), 학생 분리, 보호자 인계 등의 조치를 이행해야 하는 존재일 뿐이었다. 교사 또한 생활지도 고시 아래에서 학생들을 규제하고 통제하는 위치에 놓이게 되었다. 학교는 더 촘촘한 규율과 규제로 가득 찬 공간이 될 것이 분명했다.

특히나 우리의 가장 큰 무력감은, 교사 사망 사건에 대한 대책이 교사가 학교에서 고립되지 않을 방안이 아니라 학생들의 권리를 빼앗는 방식으로 도입되었다는 데에서 비롯되었다. 학생인권을 '지나치게' 존중했기에 문제가 발생했다는 프레임 속에서 학교 내 업무

체계의 문제점과 교사 홀로 모든 책임을 져야 하는 구조는 쉽게 잊혔다. 오히려 '간악한 학생', '괴물 학부모'와 같이 적을 만들어 내고, 그 적을 격리해 낼 방식을 고민하는 데 방점이 찍혔다. 교육부는 교사에게 이들을 분리할 권력을 부여함으로써 교사의 권리를 획득해 냈다고 착각하게 함과 동시에, 학교 내에서 발생할 사건들에 대한 책임을 다시금 교사에게 지울 수 있는 이중적 구도를 만들어 냈다. 즉 어떤 문제가 발생했을 때 교사가 학생들을 통제하지 못했다며 책임을 전가할 수 있게 된 것이다. 또한 생활지도 고시 해설서는 정당 행위로 인정되거나 인정되지 않은 판례를 다수 제시하며, 교사의 생활지도 행위가 정당한지 또한 교사 개인이 판단하게 하고 있다.

우리의 또 다른 무력감은 학교뿐만 아니라 우리 사회가, 민주적으로 문제를 해결하기보다는 누군가를 분리·배제, 감시·처벌하는 데 중점을 두는 방향으로 변화하고 있다는 데서 왔다. SNS나 언론 기사의 댓글에서는 교사가 학생을 체벌하거나 내쫓았던 과거의 학교 문화를 그리워하는 내용을 쉽게 볼 수 있었고, 교사의 죽음을 초래한 학생과 학부모를 색출해 내야 한다는 여론이 일었다. 이러한 프레임 속에서 학교 내의 노동이 가진 복잡한 면면은 지워지고, 통제와 처벌의 권한을 강화하는 데에만 초점이 맞춰졌다.

우리는 이러한 프레임이 지난 시기 '교실/학교 붕괴' 담론, 교사 체벌권 법제화 추진, 학생인권조례 반대의 흐름의 연장선상에서 어떻게 현재의 '교권' 담론과 만나고 있는지를 살폈다. 생활지도 고시가 보호하고 강화한다고 여겨지는 '교권'은, 생활지도라는 이름으로 학생을 처벌할 권력과 악성 민원 및 아동학대 신고를 막아 낼 권한만을 의미했다. 이러한 '교권'은 교육 당국이나 관리자로부터의 부당한 간섭을 막을 권리, 교육과정의 자율성을 존중받을 권리, 부당한 업무 지시를 거부할 권리를 포함할 수 없었다. 이렇게 교사가 학생을 통제하고 처벌할 권력이라는 의미로 자리 잡은 교권 담론 속에서, 주요 교사단체들은 생활지도 고시를 일제히 환영했다. 이전부터 이야기해 온 '교권'이 바로 생활지도 고시에서 규정하고 있는 '정당한 생활지도'를 의미함을 인정하는 모습이기도 했다.

다른 한편으로 우리는 생활지도 고시의 시행으로 분리되고 배제될 존재들을 떠올렸다. 생활지도 고시가 규율하는 '학생'의 규범은 학교 안에서 정상성을 가르는 기준이 될 수밖에 없다. 정상성 바깥으로 밀려나는 학생들은 이제 '수업 활동을 방해한다'는 이유로 분리되거나 쫓겨날 수 있게 되었다. 학교와 교실을 구성하고 있는 다양한 구성원의 차이와 취약성을 존중하고 함께 살아갈 방안을 고민하기보다 함께 살아갈 권리를 박탈하는 방식은 '분리'가 아니라 사실상 격리이며, 그 정상성 규범을 강화한다. 동시에 교사들 또한 이 정상성의 규범과 권력 구조에서 자유로울 수 없다. 이를테면, 교사들은 젠더와 나이 등의 위계 속에서 학생들을 잘 감시하고 처벌하는지 평가받아 왔고, 학생을 통제하는 권력을 잘 행사하는 것이 곧 교사의 '능력'으로 이해되어 왔다. 다시 말해 학생을 잘 통제하지 못하는 '미숙한' 교사 개인에게 책임을 전가시키는 방식은 기존의 권력 구조를 강화하고 순종적인 교사상을 만들어 내는 것이다.

더 많은 동료와
연결되길 바라며

이러한 고민들 속에서 연대하는 교사잡 것들에서는 2023년 10월, '교육부 학생생활지도 고시 해설 읽고 씹는 공개 세미나'를 열었다. 우려와 달리 많은 사람이 세미나에 참여했고 22개에 달하는 단체도 함께했다. 우리는 자유롭게 생활지도 고시와 그 해설서에 맺힌 한을 적으며 이야기를 나누었다. 많은 참여자들이 우리가 나눈 분노와 무력감뿐만 아니라 생활지도 고시의 허황된 약속, 현장과 관련된 질문들, 혼란들을 나누어 주었다. "분리의 결과는? 그럼 이제 교실에는 누가 남을까요?", "특수교육대상자 학부모들을 늘 수업에 방해되는 존재로만 여기는 사람들이 소수이기를 바라는 마음으로 (……) 고시대로 가면 곧 특수교육대상자들은 모두 '가정학습' 할 날이 머지않은 것 같아요"와 같은 소중한 의견들이 오갔다.

출판사 교육공동체 벗이 세미나의 내용을 바탕으로 책을 낼 것을 제안해 왔을 때, 우리는 생활지도 고시의 실제 효과와 영향을 보여 주는 중요한 경험들을 더 풍부하게 다룰 필요가 있다고 생각했다. 이에 전前 전국 장애인부모연대 활동가이자 통합교육 다모여에서 활동하는 조경미 님과 협업하여 장애 학생의 입장에서 경험한 사례와 이야기들을 책에 실을 수 있었다.

이 책은 먼저 생활지도 고시가 만들어진 배경과 학생인권 및 교권 담론의 역사와 현실을 살피는 것으로 시작한다. 이어지는 글에서는 생활지도의 개념을 뿌리부터 돌아보며, 학교 현장에서는 생활지도가 학생에 대한 명령과 자의적인 징계로 사용되어 왔다고 지적한다. 다음으로는 생활지도 고시에서 중요한 비중을 차지하고 있는 '휴대전화'와 '분리'의 문제를 검토했다. 또한 장애 학생, 학교 안에서 키스를 한 학생, 성소수자(라고 간주되고 놀림받는) 학생 등의 입장에서 생활지도가 어떻게 차별적이고 배제적으로 적용되는지를 보여 준다. 책의 후반부는 '정당한 생활지도'를 하고자 할 때 실제로는 여러 어려움과 딜레마를 마주하게 됨을 보여 주며 학교의 환경과 조건이 근본적으로 변화해야 함을 역설한 글, 그리고 학교에 필요한 것은 '생활지도 강화'가 아니라 민주적인 규칙과 학생인권법이라고 제언한 글로 마무리된다.

  2023년 10월에 세미나를 진행한 이후, 책을 기획·집필하는 동안에도 많은 일이 있었다. 충남·서울에서의 학생인권조례 폐지안 가결, 학생 분리 지도 법제화 움직임 등이다. 그 와중에 이 책을 집필하는 과정은 절망 그리고 슬픔이라는 감정과 함께할 수밖에 없었다. 그럼에도 우리가 지난 세미나를 통해 만남과 연결을 만들었듯이, 이 책 또한 우리가 생활지도 고시를 마주하고 떠올린 질문들을 구체적인 삶의 현장에 연결해 낼 시작점이 될 수 있으리라 생각한다. 생활지도 고시 자체의 의미를 묻고, 학교 현장에서 생활지도 고시의 영향력과 문제점을 생생하게 담아낸 이 책의 글들은 현재 우리 사회의 흐름에 질문을 던진다. 생활지도는 무엇인지, 교사와 학생의 역할은 어떠해야 하는지, 학생인권과 교권의 대립 구도 속에서 생활지도 고시가 어떤 역할을 하고 있는지, 생활지도 고시가 학교 구성원의 다양성을 어떻게 배제하고 구성원들을 고립시키는지에 대한 질문은 정상성을 강화하고 구성원들이 각자도생할 수밖에 없게 만드는 이 사회로도 향한다. 이 책은 누군가를 배제하고 격리해 내는, 순종적인 신체를 재생산하는 방식이 아닌, 함께 살아가는 공간으로서의 학교를 상상하려는 시도이다.

  답답하고 암담한 흐름에서도 우리는 이런 질문들이 만들어 낼 변화를 믿는다. 함께 누적해 가는 상상력이 있을 때야 대안이 더 풍부해질 수 있다. 우리에게는 생활지도 고시의 한계를 넘어 대안을 만들어 갈 운동이, 그리고 그 운동을 함께 해 나갈 동료가 필요하다. 우리의 글이 완벽한 대안이 되지는 못하더라도, 교육이라는 명목으로 차별과 배제를 겪어 왔던, 반복되는 굴레에서 고통받을 이들에게 동료가 되기를 바란다.

2024년 11월

저자들을 대신하여 하영

2023년, 생활지도를 둘러싼
이상한 논쟁

이윤승

> **학생인권 vs
> 생활지도권?**

서울에서는 2012년 1월부터 학생인권 조례가 시행됐다.* 하지만 학교마다 조례에 맞게 학칙을 바꾸는 과정은 더디기만 했다. 학칙 개정 과정에서도 학생들의 의견 수렴은 생략되거나 축소되곤 했다.

---

* 학생인권조례는 2010년 경기, 2011년 광주, 2012년 서울, 2013년 전북, 2020년 충남, 2021년 제주(시행 시점 기준)에서 제정되었고, 전국 광역자치단체 중 반 이상의 지역에서는 학생인권조례가 만들어진 적이 없다.

2024년까지도 대부분의 학교가 조례에 어긋나는 학칙을 유지하고 있고, 학칙이 조례보다 우선이라며 학교장의 뜻대로 하는 학교도 많았다.

그렇게 많은 학교가 학생인권조례를 제대로 지키지도 않으며 10여 년을 버티더니, 이제는 학생인권조례 때문에 학생 생활지도가 어려워졌다고 한다. 학생인권조례가 온전히 정착된 적이 없는데, 기껏해야 두발·복장 단속이 완화된 모습만 보며 이미 오래전에 학생인권은 다 보장된 것처럼, 학생인권 침해는 학교에서 거의 사라진 것처럼 믿는 이들이 있다. 그런 이들이 학교 밖에만 있다면 다행인데, 교사들 중에도 그렇게 생각하고 믿는 이들이 있다. 여전히 나의 교실과 나의 학교에 학생을 인간으로 대하지 않는 학교와 교사들로 인해 고통받는 학생들이 있는데, 왜 그것이 보이지 않는 것일까. 혹은 보아도 문제를 느끼지 못하는 것일까.

학교의 모습은 달라진 것이 별로 없는데, 이젠 학생보다 교사가 더 힘들다고, 학생인권보다 교권이 더 위협받고 있다고 하는 교사가 늘고 있다. 이런 현상이 반가운 보수적인 종교단체와 언론도 있다. 보수적인 종교

단체들은 어떻게든 학생인권조례에서 '차별받지 않을 권리' 조항 등을 삭제하여 이성애만이 정상적인 것이라고 교육하는 학교를 만들기 원했기에, 교권 추락을 명분 삼아 조례를 없애고 싶어 했다. 아동 혐오를 담은 기사는 언제나 잘 팔리는 소재이기에 클릭 수로 장사하는 언론에도 '학생인권 대 교권'의 대결 구도는 반가웠을 것이다. 최근까지도 서울시교육청의 학생인권 침해 구제 절차에 접수되는 사안들 중에는 체벌 사건이 있고, 여전히 두발 단속을 하는 학교들이 다수이다. 하지만 언론은 이런 현실은 외면했다. 대중의 관심을 얻기 좋은 자극적인 것은 어린 학생들의 학교폭력, 그리고 학생이 교사의 인권을 침해한 사건들이었다.

그리고 2023년 여름, 한 초등 교사가 자살하는 일이 일어났다. 이런 사건이 처음은 아니었지만, 2023년의 상황에서 젊은 교사의 죽음은 다르게 받아들여졌다. 한 사람을 죽음에 이르게 하는 이유는 언제나 한 가지일 수 없다. 하지만 사건 직후부터 학생의 양육자의 민원이 원인으로 지목됐고, '교권의 추락'이 죽음의 주된 이유라고 느끼는 사람들이 많았다. 죽음에 대한 애도와 추모의 물결은 거대했고, 이런 움직임은 애도와 추모에만 머무르지 않았다. 비극적 사건의 원인은 교권 추락이라고 주장하는 교사단체들의 목소리가 커졌다. 나에겐 이런 상황이 아주 많이 낯설게 느껴졌고, 조금은 충격적이었다. 그 죽음에 나도 슬픔과 미안함을 느꼈고 고립감을 느끼게 만드는 학교의 시스템에 분노의 감정을 갖기도 했지만, 여러 맥락이 삭제된 채 양육자와 학생을 적대하는 교사들의 말은 무섭게 느껴졌다. 그동안 학교에선 학생과 교사 모두 고통받는 일들이 많았다. 그 원인은 입시 경쟁의 문제나 교직 사회의 위계로 인한 소통의 단절 등 여러 가지였다. 그런데 마치 학생들과 양육자들의 악성 민원만이 교사들이 겪는 고통의 주범인 것처럼 몰아가는 것이 과연 교사를 위하는 것인지, 교육을 가능케 할 수 있는 것인지 의심스러웠다.

교직 사회는 보수와 진보를 가리지 않고 단일 대오로 매주 집회를 열며 관련 법 개정을 요구했다. 정당한 생활지도는 아동학대에 해당하지 않게 해 달라고 했고, 교사가 교사의 직무에 집중할 수 있도록 해 달라는 요구도 있었다. 그런데 엉뚱하게도 학생인권조례에 불똥이 튀었다. 마치 교사들이 가르치는 일에 집중하지 못하고 민원에 시달리게 된 원인이 학생인권조례인 것처럼 이야기됐다. 거리에 모인 수많은 교사 대부분이 그런 생각을 가진 것은 아니었을 것이다. 하지만 집행부가 없는 집회와 행동에서는 산발적으로 다양한 목소리가 나왔고, 제대로 된 논의도 부족한 상황에서 교육부는 성난 교사 집단과 대중에게 탓할 표적을 제시하고 싶었을 것이다. 그런 연유로 대통령과 교육부 장관, 교육감들은 섣부르게 학생인권조례를 문제로 지목했다. 정치인들은 학생인권조례와 생활지도, 교권 침해 사이의 상관관계를 진작 꿰뚫고 있었다는 듯이 교권 침해는 학생인권조례 때문이라고 거짓 선동을 하며, 대중의 분노를 학생인권에 돌리려 했다.

윤 대통령, '학생인권조례' 개정 지시… "교권 침해하는 불합리한 조례"(《경향신문》, 2023년 7월 24일)

이주호, S초 사건 사과하면서도 "학생인권조례 때문"(《오마이뉴스》, 2023년 7월 28일)

임태희 교육감 "교권 보호 위해 학생인권조례 전면 개정하겠다"《KPI뉴스》, 2023년 7월 21일)

조희연 서울시교육감, 교권 추락 학생인권조례 영향 인정… "권리와 책임 균형 필요"《교육플러스》, 2023년 8월 7일)

교사 자살 사건은 2023년 7월 18일 일어났고, 교사들의 집회가 시작된 것은 7월 22일이었다. 그런데 기사들을 보면 알 수 있듯이, 불과 며칠 지나지 않아 대통령도 교육부 장관도 교육감도 바로 학생인권조례가 원인이라고 몰아세웠다. 그새 학생인권조례와 교권 침해의 관련성에 대한 조사와 분석이 이루어진 것일까? 학생인권조례가 교권 침해의 원인이라고 결론 내리기 어렵고, 오히려 학생인권조례가 시행된 이후 교권 침해가 줄어드는 경향을 보이는 통계 자료도 있는데 이들은 어떻게 그렇게 단정적으로 말했을까? 교사가 죽음에 이르게 만든 과중한 업무 부담이나 교사를 고립시킨 학교의 다른 조건들도 있었을 텐데, 왜 교사가 느끼는 고통의 주된 원인을 학생인권으로 돌린 것일까? 학생인권이 쉽게 손가락질할 수 있고, 희생양 삼아도 괜찮은 표적이라고 판단했기 때문은 아니었을까.

거대 정당들은 교사들의 호소에 공감하는 것처럼 교권 회복 공약을 내세웠다. 이른바 '교권 4법'을 급히 통과시켰고, 이듬해 국회의원 선거에서도 교사 출신 후보를 전략적으로 영입하며 교권 강화에 진심임을 보여 주고자 했다. 2023년 하반기의 몇 달도 되지 않은 시간 동안 학생인권 비판과 교권 강화에 관한 여론이 형성되었고, 다른 의견은 들어설 자리가 없었다. 학교가 실제로 어떻게 변화할지 예상하기 어려운 여러 정책과 법안이 제출되고 통과되었다.

그중 어쩌면 가장 실효성 없어 보이는 제도가 먼저 시행되었다. 교사들의 집회가 이어지던 여름이 막 지난 2023년 9월 1일, 교육부는 「교원의 학생생활지도에 관한 고시」(생활지도 고시)를 시행하며 당장 2학기부터 교사들이 교권 침해를 당하지 않고 생활지도를 할 수 있게 된다고 자랑스럽게 발표했다. 고시만으로는 이해가 부족할 것 같았는지, 9월 27일에는 꽤 두꺼운 해설서도 발행했다. 어떻게 두 달밖에 안 되는 시간 안에 고시와 해설서가 만들어질 수 있었나 의문이 들 수도 있다. 하지만 사실 생활지도 고시에서 다루는 생활지도의 정의와 방식은 새롭지 않았다. 기존에 학교 현장에서 해 오던 것들을 명문화한 것뿐이었으며 과거로의 회귀를 목표로 했기에 더욱 쉽게 만들 수 있었을 것이다.

체벌 금지와 학생인권, 그리고 아동학대 관련 법

2010년 서울시교육청에서 체벌 금지를 선언한 것을 시작으로, 2011년 「초·중등교육법 시행령」이 개정되어 완전히는 아니지만 학교 체벌이 금지되었다. 그러자 상당수 교사들은 이제 매도 없이 어떻게 학생을 교육하느냐며 한탄했다. 사실 체벌 금지로 인해 불가능해진 것은 교육이 아니라 힘에 의한 통제였고, 체벌 금지는 교사에게도 힘으로 통제되던 교실에서 벗어날 수 있는 기회였지만, 대부분의 학교와 교사는 그러지 못했다. 체벌을 하지 않겠다는 것은, 단지 체벌이라는 폭력적 행위를 멈추는 것 이상으로, 체벌을 통해 만들어진 교사와 학생 사이의 위계를 넘어 학생을 교사와 같은 인간으로 인식한다는 의미까지 담긴 것이었다. 하지만 많은 교사가 그 위계는 포기하지 않으려 했기에 체벌을 대신할 다른 수단을 찾으려 했다.

체벌 금지에 이어 2010년에서 2013년 사이 4개 지역에서 학생인권조례가 제정된 것도, 교사들에게는 학생과의 관계에서의 위계를 재고할 또 다른 기회였다. 하지만 이조차 받아들이지 않는 교사들이 많았다. 학교의 질서를 벗어난 학생에게 이전에는 체벌이 가해졌다면, 체벌 금지와 학생인권조례 이후엔 수업 중 분리, 간접 체벌, 벌점 부과 등의 다른 조치가 '생활지도'의 이름으로 가해지게 됐을 뿐이었다.

한편 체벌은 금지됐으나 여타 언어 폭력 등은 사라지지 않았다. 마치 체벌을 못 하는 만큼 말로 고통을 주려는 듯, 모욕과 학대의 선을 넘을 듯 말 듯한 언행이 종종 나타났다. 교무실에 있다 보면 화장을 한 학생에게 술집에 나가냐는 말, 성적이 낮은 학생에게 머리에 똥만 들었냐는 말, 고분고분하지 않은 학생에게 아빠 없이 커서 버릇이 없냐는 말들을 교사들이 하는 모

시도별 교권 침해 현황(교육부가 국회에 제출한 '시도별 교권 침해 현황 자료' 중)

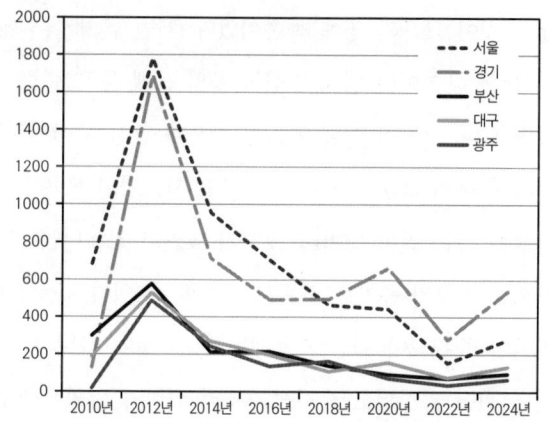

습을 빈번하게 접할 수 있었다. 그로 인한 학생과 교사 사이의 갈등도 많아졌다.

이는 통계를 통해서도 확인된다. 시도별 교권 침해 현황* 자료를 보면 전국적으로 2010년부터 교권 침해 건수가 늘어나다가 다시 줄어듦을 확인할 수 있다. 교육부가 집계하는 교권 침해 사례는 상해·폭행, 모욕,

---

* 서울과 경기의 증감 폭이 크긴 하나, 학생인권조례가 없는 부산, 대구 등의 지역들도 비슷한 증감 패턴이 나타난다.

명예 훼손, 공무 집행 방해 등이다. 이 중 압도적으로 많은 것이 모욕과 명예 훼손이었다. 체벌 금지 이후에도 각종 단속이나 입시 중심 교육의 문제 등은 변화가 없다 보니, 그동안 억눌려 있던 학생과 교사 사이의 다툼과 갈등이 표면에 드러나게 되고 서로에게 모욕적인 언행을 하는 일이 늘어나, 교사가 교권이 침해되었다고 느끼는 경우가 증가한 것으로 해석할 수 있다. 즉, 학생인권이 증진되어 교권이 침해받게 된 것이 아니라, 인권 의식이 확장되고 사회적·제도적 변화가 있었음에도 여전히 교사들은 학교에서 '때려서라도 학생들을 잡는' 역할을 요구받았던 탓에 혼란이 발생한 과도기였다고 볼 수 있다. 통계상 교권 침해 건수는 2010년대 초반에 증가하다가 곧바로 줄어드는 경향이 나타나므로 이를 과도기적 혼란으로 보는 것이 타당하다. 그런데도 교사 집단은 이를 단순히 '교권 침해가 늘고 있다'라고 보고 교권 강화를 촉구하곤 했다.

체벌 금지와 학생인권조례를 겪으면서도 기존의 '생활지도' 방식을 유지해 오던 교사들에게 더 큰 방해물이 나타났다. 2014년 「아동학대범죄의 처벌 등에 관한 특례법」이 제정되는 등 아동학대 관련 법이 강화되었고, 2010년대 후반 들어 교사가 아동학대로 신고당하는 일이 늘어난 것이다. 물론 부당하거나 무리한 아동학대 신고도 있다. 하지만 많은 학교에서는 학생과 교사의 위계적 관계는 개선되지 않은 상태였고, 사용하는 수단만 체벌에서 아동학대적 언행으로 바꾼 일부 교사들은 아동학대 혐의로 제재받는 것을 피하기 어려웠다. 교사들은 이를 곧 교사에 대한 공격으로 여기며 공포심을 갖게 되었다. 적지 않은 교사들이 관리와 통제를 통해 학생의 순응적인 태도를 키우는 전통적인 교사 역할을 유지하는 것이 교육자로서의 사명이라고 믿으며, 이런 역할을 수행하는 데 대한 더 강한 법적 보호망을 원했다. 이런 생각을 가진 교사들에게는 체벌을 대신하면서도 아동학대 관련 법 적용 등에서 면제받을 수 있는 수단과 이를 뒷받침할 정책이 필요했다.

법도 조례도 아닌, 고시

학생과 교사의 위계를 유지하기를 바라는 교사 집단은 학생인권은 등진 채 자신들이 더 큰 피해자이자 약자라고 호소하며 교권 강화를 위한 제도 개정을 요구했다. 그러면서 이야기되는 '교권'이란 매우 한정적인 것이었다. 교사의 정치적 기본권이나 학교장, 교육 당국으로부터의 부당한 간섭을 막기 위한 권리는 그런 교권 안에는 없었다. 학생 생활지도 상황에서 쓸 수 있는 권한과 권력, 학생과 양육자로부터의 민원을 막아 낼 권한, 아동학대 가해자로 지목되지 않을 방어권이 교권이었다. 그래서 탄생한 것이 「교원의 학생생활지도에 관한 고시」이다. 교사의 생활지도의 의미와 범위를 정의하고, 가능한 방식을 규정했는데, 이미 예전부터 해 오던 인권 침해에 가까운 지도 방식들을 허용하는 내용도 담긴 고시였다.

하필 2024학년도 새 학기도 아니고 2023학년도 2학기가 막 시작되는 9월이었다. 교사의 생활지도권에 관한 법률은 2022년 12월, 그 시행령은 2023년 6월에 개정되었다. 따라서 고시가 필요하다 해도 준비 기간을 생각하면 2024년 신학기에 맞춰 시행하는 게 당연했다. 하지만 여름 방학 동안 성난 민심을 돌리기 위해서 정부는 급히 9월 1일을 시행일로 잡았다. '고시'는 교육부가 바로 시행할 수 있기에 가능한 일정이었다. 고시는 법적으로 조례보다 아주 조금 상위에 해당하기에 학생인권조례를 무력화할 수 있다는 계산도 있었을 것이다. 하지만 아무리 학교에서 익숙한 가치와 이미 널리 일어나고 있던 방식들을 담았다고는 해도, 너무 서둘러 만든 고시와 해설서의 내용과 구성은 논리적이지도 현실적이지도 않았고, 정책의 완결성을 스스로 떨어뜨리는 결과를 가져왔다. 생활지도 고시는 애당초 교사를 아동학대 신고로부터 구해 줄 수도 없었고, 학교에서 마주하는 문제 상황에 대한 특별한 해법을 줄 수도 없었다.

그러나 생활지도 고시 발표 후 교사단체들은 일제히 환영하면서, 고시에 따른 생활지도란 무엇인가를 홍보하기도 했다. 고시의 내용을 치밀하게 분석하는 것이 먼저였고, 학교별로 적용 가능성에 대해 토의해야 했지만, 그런 과정을 거친 학교는 거의 없었다. 어떤 교사들은 교사단체의 홍보물에서 자기가 읽고 싶은 부분만 읽었는지, 선행되어야 할 절차는 무시하고 학생 분리와 전자기기 수거·압수를 과감하게 실천하다가 인권 침해의 가해자가 되는 경우도 발생했다. 반면에 고시를 잘 읽어 본 교사 중에는 생활지도 과정에서 필요한 절차와 행정 업무를 확인하고는 잡무만 늘게 되었다며 불평하는 경우도 있었다. 결국 생활지도 고시는 교사에게 실질적인 도움을 주기보다는 학생과 교사 간의 갈등을 부추기거나 혼란을 야기했고, 행정적인 잡무만 만들어 사문화되기도 했다. 애초에 급하게 만들어진 고시였기에 당연하다면 당연한 귀결이었다.

생활지도 고시의 한계

「교원의 학생생활지도에 관한 고시」가 어떤 면에서 문제가 있는지, 왜 실질적인 도움은 없이 잡무만 생기게 되었는지 그 구조와 내용을 살펴보자.

생활지도 고시의 근거가 되는 최상위 법령은 2022년 12월 27일 신설된 「초·중등교육법」 제20조의2이다. 이 조항에 맞추어 2023년 6월 28일에 시행된 「초·중등교육법 시행령」도 생활지도 고시의 근거가 된다.

「초·중등교육법」 제20조의2(학교의 장 및 교원의 학생생활지도)

① 학교의 장과 교원은 학생의 인권을 보호하고 교원의 교육활동을 위하여 필요한 경우에는 법령과 학칙으로 정하는 바에 따라 학생을 지도할 수 있다.

② 제1항에 따른 교원의 정당한 학생생활지도에 대해서는 「아동복지법」 제17조 제3호, 제5호 및 제6호의 금지행위 위반으로 보지 아니한다.

「초·중등교육법 시행령」 제40조의3(학생생활지도)

① 학교의 장과 교원은 법 제20조의2에 따라 다음 각 호의 어느 하나에 해당하는 분야와 관련하여 조언, 상담, 주의, 훈육·훈계 등의 방법으로 학생을 지도할 수 있다. 이 경우 도구, 신체 등을 이용하여 학생의 신체에 고통을 가하는 방법을 사용해서는 안 된다.

1. 학업 및 진로

2. 보건 및 안전

3. 인성 및 대인관계

4. 그 밖에 학생생활과 관련되는 분야

앞서 말했듯 생활지도 고시를 만든 기간과 과정은 매우 짧았다. 이미 상위 법령은 어느 정도 마련해 두었으니, 고시는 빠르게 만들 수 있다고 생각했을 수 있다. 하지만 급히 만든 나머지, 고시에는 교사들의 요구 사항이 세세하게 담기지 않았고, 학생들의 인권을 침해할 소지는 고려도 되지 않았다. 정부도 생활지도 고시가 해결책이 되리라 생각하지는 않았을 것이다. 당장 고시 시행 직후 교사들의 설문 조사를 보면 고시에 대한 체감이나 실질적인 영향은 거의 느끼지 못한다는 의견이 많았다.[*] 생활지도 고시가 생활지도 과정에서 발생하는 갈등과 민원을 교권 침해의 원인이라고 생각

---

[*] "학생생활지도 고시 시행됐지만… 교사 10명 중 7명 "변화 없어"", 〈연합뉴스〉, 2023년 10월 4일.

하던 교사들에게 만족할 만한 권능을 주지는 못했기 때문이다.

한편, 학생·양육자와의 갈등이 아닌 다른 부분에서 교권 추락을 느끼는 교사들도 있다. 수업에 관해 교사로서의 자율성을 존중받지 못해, 그 때문에 교사 직무에서 느끼는 만족감이 줄어들고 교권이 보장되지 않는다고 느끼는 것이다. 그들은 교과 영역에서 전문가로 대우받기를 원하며, 생활지도에 관해서도 매우 자율적으로 수행하기를 원한다. 그런데 생활지도 고시는 그런 교사들에게도 실망스러웠다. 생활지도 고시는 교사로서의 전문성을 인정하기보다는 주어진 매뉴얼대로 생활지도를 하는 교사상을 그리고 있었다. 교육부가 정한 방향에 맞게 학생을 지도해야 함을 강조하며, 교사를 생활지도 업무에서 제외시켜 주는 것도 아니었고 생활지도의 방향을 정할 수 있는 자율성을 주는 것도 아니었다. 결국 생활지도 고시대로 따른다 해도 교사로서의 전문성을 보장받고 존중감을 얻기란 어려웠다.

결국 생활지도 고시는 교사가 무엇이 정당한 생활지도인가에 대해 고민하고 지도 방식을 자율적으로 선택하게 해 주지 않는다. 교사가 전문성을 바탕으로 생활지도를 하였을 때 보호하기 위한 내용도 찾아보기 어렵다. 그렇다고 생활지도 고시를 따른다고 해서 교사가 완전히 보호받을 수 있는 것도 아니다. 만약 생활지도 고시에 나온 방식대로 한다고 해도, 여전히 지켜야 할 기준과 한계가 있으며, 분리 조치나 훈육 등을 했을 때 인권을 침해하거나 아동학대가 될 만한 내용이 있었다면 면책받을 수도 없다.

그러니 「초·중등교육법」과 시행령이 개정되고 생활지도 고시에 이어 해설서까지 배포되었다 해도, 그리고 경기, 광주, 서울, 전북, 충남, 제주의 학생인권조례를 모두 폐지한다고 해도 교권 강화를 바라는 교사들이 꿈꾸는 학교의 모습이 오진 않을 것이다. 교사는 수업과 연구에 집중하고, 수업 시간에 자신의 수업에 방해되는 학생이 있으면 교실 밖으로 분리시키며, 학생이 수업에 집중하도록 휴대전화를 온종일 가지고 있지 못하게 한다 한들, 학생이 수업에 집중하며 교사와 학생이 상호 교감하는 수업을 하게 될 것이라는 보장은 없다. 또한 학생인권조례가 폐지되자 벌써 두발·복장 단속이 강화되었다는 학교의 사례도 있는데, 그와 같은 규제 강화가 교사들의 만족감을 높여 줄 것이라고 생각한다면 코미디에 가깝다.

이렇게 교사가 교실을 온전히 통제하려고 했을 때 일어나는 상황은 이미 우리 사회가 겪었던 과거의 학교의 모습과 거의 다르지 않을 것이다. 단지 교사의 통제의 도구가 체벌이 아니라 분리와 같은 덜 직접적인 행위로 바뀌었을 뿐, 모두 수직적인 권력관계로 만들어진, 겉으로만 평화로운 것처럼 보이는 학교이기 때문이다. 교사가 강력한 권력을 휘두르던 시절의 학교를 기억하는 이들이라면 그런 학교는 천국보다 지옥에 더 가까웠던 것을 모를 리 없다. 교사에게도 학생에게도 그런 학교는 전쟁터와 같았다. 교사는 학생을 통제하기 위해 자신이 권력을 쥐고 있음을 계속해서 어필해야 했고, 조금이라도 만만해 보이면 학생들은 교사를 무시하곤 했다. 무서운 교사 앞에서는 침묵하고 그렇지 않은 교사 앞에서는 조금 풀어지는 것이 학생들에게는 학교에서 버틸 수 있는 동력이었다. 학생을 통제하지 못하는 교사는 스스로를 탓해야 했고, 학생들과

의 소통을 통한 평화적인 공간을 만들기는 어려웠다. 결국 생활지도 고시를 강행하고 학생인권조례를 폐지하려는 흐름은, 교사에게도 학생에게도 결코 희망적이지 않고 교사의 자율성을 보장해 주지도 않는다.

생활지도에 대한 근본적 물음이 필요하다

생활지도 고시를 보면, 학생 생활지도의 영역은 학업 및 진로, 보건 및 안전, 인성 및 대인관계 그리고 그 밖의 학생 생활과 관련되는 분야 모두를 포함한다. 학생의 입장에서 보면 무제한에 가깝게 포괄적이다. 아무리 교사가 교육에 대한 전문가를 자부한다고 해도, 이 모든 영역의 전문가일 수는 없다는 점에서 무리한 면이 있다.

또한 지도의 방식은 조언, 상담, 주의, 훈육·훈계 등의 방식으로 정해져 있다. 하지만 이런 지도를 하려면 먼저 지켜야 할 것이 있다. 생활지도 고시의 근거이자 전제인 「초·중등교육법」 조문의 제1항이다. "학교의 장과 교원은 학생의 인권을 보호하고 교원의 교육활동을 위하여 필요한 경우에는 법령과 학칙으로 정하는 바에 따라 학생을 지도할 수 있다."

학생의 생활지도를 하려면 학생의 인권을 보호하고 교육활동을 위한다는 목적이 있어야 하고 반드시 법령과 학칙에 정하는 바에 따라 지도해야 한다. 교원의 자의적인 판단은 삼가라고 선언하고 있는 셈인데 학교 현장에서 이 부분이 잘 지켜지기는 어려울 것이다. 대부분의 교사들이 법령이나 자신이 속한 학교의 학칙에 대해서 완벽하게 숙지하지 않고 있기 때문이다. 생활지도 고시를 비롯해 교권을 강화하는 법 개정을 통해 '교원의 정당한 교육활동은 면책받는다'고 생각할 수도 있다. 하지만 무엇이 정당한 교육활동인지는 교사가 정하는 것은 아니다. 생활지도 고시 해설서에서도 어떤 경우에 교사의 교육활동이나 생활지도에 대해 민·형사상 책임을 질 수 있는지 열거하고 있는데, 굉장히 단순하게 표현되어 있어 대체 어느 정도가 법적인 문제가 생기고 어느 정도가 괜찮다는 것인지 혼란스럽기만 하다. 이는 한국의 법체계에서 '정당한'이라는 문구가 그만큼 해석이 어려운 단어이기 때문이다. 「형법」 제20조에 따르면 정당한 행위란 '법령에 의한 행위 또는 업무로 인한 행위 기타 사회상규에 위배되지 아니하는 행위'인데, 법령에 의한 행위, 업무로 인한 행위라 하더라도 사회상규에 위배된다면 형사 처벌이 가능하다는 판례도 존재한다. 또한 형사적 위법성은 없더라도 민사적인 소송까지 전부 막아 줄 수는 없는 것이 우리의 법체계이다.

결국 생활지도 고시의 목적은 이런 것일 수 있다. '정당한 교육활동'임을 인정받으려면 알아서 잘 판단하라고 하면서, 소송을 잘 피할 수 있게끔 뭘 하더라도 문서와 기록을 남기고, 녹화하고 녹취하는 등의 절차와 방법을 안내하는 것. 그러다 보니 대부분의 학교에서 생활지도 고시 시행에 따라 했던 일은 급히 민원 대응팀을 만들고, 민원실 겸 분리 교실을 꾸미고, 서류 양식을 만드는 것이었다. 민원 대응팀은 교장이 대표이긴 하지만, 생활지도 고시에서는 교장이 업무 담당자를 지정하게 했기에 실질적인 역할은 다른 교직원에게 떠넘길 수 있다. 내가 근무하는 학교도 주로 행정실장과 행정실의 주무관이 민원 대응과 분리 교실 관리 업무를 담당하고 있다. 이들이 한 가장 주요한 업무란 민원실과 분리 교실에 CCTV를 설치하는 일이었다. 교사들은 실질적으로 학교 현장에서 민원 대응이 필요할 때 교장이 일선에서 책임감 있게 나서서 대응할 것이라고 기대하고 있지 않다.

그렇다면 과연 생활지도 고시 덕분에 교사들은 학교에서 지내기 좋아졌을까. 학생과의 갈등 상황을 원활하게 해결하는 데 도움을 받을 수 있게 됐을까. 과연 민원의 문제에서 교사들은 자유로워졌을까. '정당한'에 관한 법적 다툼을 하기 위해 각종 행정 서류와 기록을 만드는 데 많은 시간을 써야 하는 것이 과연 교육적으로 정당한 상황일까. 교육부의 생활지도 고시는 이러한 의문만을 남긴 채 별다른 변화를 가져오지 못할 것만 같다. 이 상황에서 우리가 고민해야 할 것은 과연 생활지도란 무엇인가에 대한 최초의 물음으로 돌아가 보는 것일 테다.

생활지도란 무엇인가

조영선

생활지도=규율=명령?

'생활지도'는 영어 'guidance'에서 유래한 개념으로, 원래 진로교육을 위해 심리 검사나 상담을 하는 것을 통칭하여 쓰였다. 1908년, 미국의 교사이자 사회운동가 프랭크 파슨스가 《직업의 선택Choosing a Vocation》이라는 최초의 생활지도 교과서를 출간하였다. 이 책에서는 개인을 적성에 맞게 배치하고 직업적 적응을 돕기 위해서는 개인에 대한 충분한 이해(적성, 지능, 성격, 흥미, 관심, 가치관 등), 직업에 대한 이해, 합리적 관련성의 발견 등이 필요하다고 하였다. 이 같은 관점에서 생활지도는 개인을 이해하기 위한 상담, 심리 검사, 진로 상담, 취업 지도, 학생에 관한 기록의 작성과 보관, 학생에 관한 조사 연구, 정보 제공 등의 전문적 활동을 강조한 개념이었다.

이 활동은 1945년 우리나라에 도입되었고 '생활지도'로 명명되었다. 하지만 우리나라에서는 생활지도가 학교교육에서 교과 지도나 학업 지도 이외의 '모든' 교육을 뜻하게 되었다. 즉, 학생을 이해하고자 하는 전문적 활동뿐만 아니라 행동 습관, 청결과 위생, 예절 등 학생 생활의 모든 영역을 다루는 활동이 된 것이다. 1945년은 일제강점기 말로 황국 신민화 교육이 강화되던 때였다. 당시의 진로교육도 황국 신민을 만드는 과정의 일부였고 청결과 위생, 예절 등에 관한 교육이 '생활지도'의 이름으로 행해지게 되었다. 해방 이후, 학교교육은 대학 입시 중심으로 이루어졌다. 처음에는 대학별 고사로 치러지던 대학 입시는 한국전쟁 이후 1954년부터 획일화된 국가연합고사의 형태로 치르게 된다.* 식민지와 전쟁의 역사 속에서 우리나라의 진로교육은 결국 개개인의 적성을 살리기보다는, 입시를 통한 신분 상승이 중요시되는 사회적 분위기에 맞춰 사실상 교사가 학생을 상대로 하는 '모든 교육 행위'를 뜻하게 되었고, 특히 교과 지식을 잘 전달하기 위해 학생에게 행하는 행위 전반을 일컫게 된 것으로 추측된다.**

이렇게 볼 때 생활지도는 사실상 도입될 때부터 우리나라의 기형적인 교육 제도 속에서 왜곡되었다고 볼 수 있다. 왜냐하면 파슨스의 'guidance'는 기본적으로 학생의 다양성을 전제로 한, 학생의 다양한 적성과 특성에 따라 진로를 '가이드'하기 위한 개념이지만, 1945년 우리나라에 도입될 당시는 일제식민지에서 근대화되고 표준화된 황국 신민의 신체와 행동 습속을 갖추게 만드는 것으로 변질되었기 때문이다. 우리나라의 근대식 교육은 군사주의에 뿌리를 두고 있었기에 칼을 차고 들어온 교사가 학생의 두발 등 신체에 대

---

* 대한민국 정책브리핑, [광복70년 한국인 의식주 변천사] ⑮ 대학입시, 2015년 11월 18일.
** 김춘경 외(2016), 《상담학 사전 2》, 학지사; 네이버 지식백과에서 재인용.

한 통제를 하는 것이 교육의 일환으로 손쉽게 받아들여질 수 있었다. 또한 획일적인 입시 시스템 속에서 생활지도도 학생을 학업에 열중하게 하도록 생활 전반을 규율하는 것으로 둔갑한 것이다.

나아가 당시 법체계에서는 교사의 교육활동이 매우 폭넓게 허용되어 있었다. 지금까지도 '교권'의 범위와 정의가 모호한 이유는, 이전에는 굳이 교권의 범위를 정하지 않아도 될 정도로 교사의 모든 행위가 곧 교권이라고 생각됐기 때문이다. 1949년 12월 31일 제정되어 50년 동안 한국 교육을 규정했던 「교육법」 제75조는 "교사는 교장의 명에 따라 학생을 교육한다"라고 되어 있었다. 교장이 교사에게 명령을 내리고 교사는 학생에게 명령을 내리는 문화가 50년이나 지속되었고, 명령을 통한 교육에서는 그 내용이 합리적인지, 방법이 적법한지에 대해 고민할 필요가 없었다. 오랫동안 교육 관련 제도에서 교사가 학생을 '지도'하는 것은 명령하고 징계·처벌을 가하는 것과 동일시되었다. 교사 개인이 생각하기에 교육적 목적이라면 폭력 행위(체벌)도 금지되지 않았다.

'명령을 통한 교육'을 가능하게 했던 「교육법」은 1998년에 폐지되고 관련 내용은 「초·중등교육법」 제20조 제4항의 "교사는 법령에서 정하는 바에 따라 학생을 교육한다"로 바뀌었다. 하지만 '법령에서 정하는 바'라는 기준이 모호하기도 했고, 여전히 교사의 자의적 기준과 판단에 따른 교육과 생활지도의 틀은 유지되었다. 교사 또는 학교장이 어떤 가치관을 가지고 있느냐에 따라 학칙의 내용도 달라지고 교실마다 다른 생활지도가 이뤄졌다. 아직도 같은 학교에서 어떤 학급에서는 쉬는 시간에 휴대전화를 사용할 수 있기도, 어떤 학급에서는 금지되기도 한다. 이러한 차이는 '교권 침해'라고 일컬어지는 현상의 중요한 원인이다. 학생들 입장에서는 어떤 사람을 교사로 만나게 되느냐에 따라 허용된 행동의 반경이 달라진다. 어떤 교사에게는 학생들이 화장을 하는 것이 문제인 반면, 어떤 교사에게는 휴대전화를 사용하는 것이 문제이다. 화장을 하는 것이 문제라는 교사들도 그 기준이 제각각이다. 어떤 교사는 선크림, 메이크업 베이스는 인정하지만 색조 화장은 안 된다고 하고, 어떤 교사는 선크림도 안 된다고 한다. 어떤 교사는 휴대전화를 꺼내기만 해도 압수하고, 어떤 교사는 수업 시간에만 사용하지 말라고 한다. 학생 입장에서 생활지도는 교사가 선호하거나 허용하는 취향과 기준에 맞추는 일이 되어 버릴 수 있는 것이다.

이렇듯 일관되지 않은 규범의 대부분은 교사의 지도와 처벌이라는 형식을 통해 지켜지도록 설계되어 있다. 예를 들어 쓰레기를 버리는 행위의 경우, 사회에서는 '대량의 무단 투기' 수준이 아닌 이상 처벌이 아닌 캠페인의 대상이다. 반대로 폭행, 도난 등은 「형법」에 따라 처벌과 보상이 이루어지는 행위이다. 그런데 학교에서는 이 모든 규범이 교사를 통해 적용, 집행되고, 문제가 일어났을 경우 교사가 처리한다. 학생들이 학교에 처음 입학할 때 가장 많이 듣는 말은 "학교 가면 선생님 말씀 잘 들어야 돼"이다. 왜냐하면 학교에서는 교사의 말이 곧 법이자 하나의 제도이기 때문이다.

'학생 징계권'의 성질을 가진 생활지도권이 문제를 낳는다

이런 상황에서, 교사나 학교에 따라 달라지는 일관성 부족과 불합리함을 받아들일 수 없는 학생이나 양육자에게 교사의 행위는 민원 대상이 된다. '왜 전의 선생님은 이렇게 해 주셨는데, 전의 학교에서는 가능했는데 안 되느냐' 하는 민원들은 그 결과라고 할 수 있다. 또, 양육자 입장에서도 학교와 교사에 따라 '케이스 바이 케이스'라는 관념이 생기고, 불이익을 최소화하고 자녀를 보호하기 위해서는 학교와 교사에게 우선 요구하고 힘을 행사해야겠다고 생각하기 쉽다. 학교와 교사에게 부여된 자율성은, 참여와 합의에 의한 것이 아닐 때, 공격받기 쉬운 '자의성'의 영역으로 전락하는 것이다.

교사의 생활지도에 대한 민원, 공격이 늘어나자, 2022년에는 생활지도의 법적 근거를 만들자는 취지로 「초·중등교육법」에 다음과 같은 조항을 신설하기도 했다. "학교의 장과 교원은 학생의 인권을 보호하고 교원의 교육활동을 위하여 필요한 경우에는 법령과 학칙으로 정하는 바에 따라 학생을 지도할 수 있다." 하지만 이 역시 '법령과 학칙으로 정하는 바'라고 되어 있을 뿐, '어떤 교육 행위가 정당한가'를 정하는 내용은 담고 있지 않기에 자의성의 문제는 여전히 남는다.

2024년 9월 실시된 생활지도 고시 역시 이러한 문제점을 그대로 가지고 있다. 우선 생활지도의 범위를 폭넓게 설정하여 학생의 모든 행동에 대해 교사가 지도할 수 있도록 하였고, 교사의 자의성에 의해 학생의 행동 반경이 결정되는 상황에도 변함이 없다. 훈육을 할 때 학생의 인권을 존중해야 한다고 했지만, 어느 것이 학생의 인권을 존중하는 것인지 구체적인 법적 근거는 부재한 상태이다. 실제로 교육부가 내놓은 생활지도 고시 해설서를 보면, 큰 틀에서 일관성을 가져야 할 학생 생활의 영역이 단위 학교의 학칙에만 맡겨져 있음을 알 수 있다.

그렇다면 학칙이 만들어지는 과정이나 그 내용은 어떨까. 실제로 학칙에서 교사, 학생, 양육자의 의견을 수렴하는 과정을 거치는 것은 두발·복장, 휴대전화 등과 관련된 일부뿐이다. 학교에 따라 의견을 수렴하는 범위나 방식도 천차만별이다. 가장 중요한 것은 학생에게는 준 사법적 규정이라고 할 수 있는 징계 규정, 벌점 규정은 의견 수렴의 대상이 아니라는 점이다. 그리고 열거된 행위들조차 구체적이지 않고, "교사 지도 불이행" 등 교사의 자의적 적용을 열어 둔 조항들로 가득하다. 실제로 많은 학교의 학칙은 교사들이 일일이 감시하기 어려울 정도로 많은 수의 '금지' 조항으로 구성되어 있다. 그 내용을 살펴보면 엄격히 법으로 규제해야 하는 행위들과 사회 문화적으로 지키면 좋다는 규범을 뒤섞어서 같은 징벌 체계의 대상으로 삼고 있다.

51쪽의 징계 기준표*와 벌점 규정을 보면 '교사의 정당한 지도에 불응한 학생'이 첫 부분을 차지하고 있다. 사실 이 조항만 가지고도 다른 규정이 필요 없이 학생의 모든 행위를 징계할 수 있다. 학교 내의 형법이라고 할 수 있는 학생 징계 기준이 어떤 교사를 만나느냐에 따라 달라지는 것이다. 이러한 상황이다 보니 학교

---

* 2024학년도 모 고등학교의 학칙에 포함되어 있는 징계 기준표이다. 징계 기준표는 학교 정보 공시나 학교별 홈페이지에 공개되어 있고, 대부분 학교에서 내용이 대동소이하다.

의 잠재적 교육과정은 '눈치 교육과정'이 된다. 많은 교사들이 자신이 지도하는 기준을 당연하다고 생각하지만, 학생의 입장에서는 수십 명의 교사가 강조하는 각각의 당연한 상황이 존재할 뿐이다. 또한 상황을 해석하는 논리는 힘 관계에 따라 달라진다. 예를 들어, 학생들이 폭언을 할 때는 '학교폭력'이나 '교권 침해'가 되지만, 교사가 폭언을 할 때는 학생이 감당해야 하는 처벌로 해석된다. 이 정도 잘못을 하면 이 정도 폭력이나 모욕감 정도는 견뎌야 한다는 암묵적인 룰이 있다. 이런 면에서 폭언도 체벌과 같은 역할을 하고 있다고 볼 수 있다.

'교사가 보기에' 잘못인 일을 했을 때는 폭력을 당할 수 있다는 두려움 때문에 교사의 말을 들어야 한다는 것이 학생들이 학교에서 경험하는 규칙이다. 이러한 규칙이 한 번 성립하고 나면, 그 행동이 어떤 점에서 공동체나 타인에게 해가 되었는지에 대해서는 고민하지 않게 된다. 물론 학생인권에 대한 사회적 관심이 높아지면서 직접적 폭력과 폭언은 줄고 벌점이나 징계 기준의 적용을 받게 되었다. 하지만 이 역시 '왜 그 행동이 문제인가'가 아니라, '어느 정도까지는 징계를 안 받는가? 저 선생님은 어느 정도까지 봐주는가?'가 더 중요하다. 정작 학생들이 익혀야 할 가치와 원칙, 기준은 실종되는 것이다. 벌을 주는 선생님 앞에서는 뛰지 않지만 그렇지 않은 선생님 앞에서는 다시 뛰게 되는 등 결국 사람에 대한 예의가 아닌 힘에 대한 복종을 배우게 된다.

체벌이 있던 시절에는 교사가 학생을 억누르는 힘의 실체가 물리적 폭력이었다면, 현재에는 수행 평가 점수나 학교생활기록부가 힘의 원천이다. 많은 학생들이 고등학교를 졸업하거나 졸업 직전에야 학교의 인권 침해를 폭로하는 이유는 징계나 학교생활기록부에서 불이익을 당할 수 있다는 두려움이 늘 존재하기 때문이다. 반대로 불이익을 주는 조치를 하지 않는 교사나 할 수 없는 교사를 만만하게 대하는 것 역시 이러한 조건과 연관되어 있다. 학교의 평가 체계와 징벌 체계가, 학생들이 사회의 구성원으로 살기 위해 필요한 것이 무엇인가에 대한 질문을 생략한 채, 학생의 행동을 교사의 판단에 맞춰 통제하는 것을 목표로 삼기 때문에, 이러한 힘을 쓰지 않으려 하거나 쓰지 못하는 교사의 말은 더 쉽게 무시된다. 교사가 벌이나 점수에 기대지 않고 설득하거나 이해를 구하면 학생들은 '그냥 벌점 주세요', '점수 깎으세요' 하고 마는 것이다. 타인의 인권을 침해하지 말아야 한다는 등의 보편적 기준에 따른 것이 아니라 '교사의 말을 듣지 않았을 때' 벌이 주어지는 구조에서 사실상 생활지도권은 교사 개인의 학생징계권과 마찬가지다.

징계 기준표와 벌점 규정

내용	위반 행위 내용	징계				
		학교내봉사	사회봉사	특별교육이수	출석정지	퇴학처분
1. 교권 (중점 지도)	출석정지 이상의 교권 침해 발생 시 선도위원회가 개최되어 징계 결정 확정일까지 2차 교권 침해 방지를 위하여 해당 교사 수업 시간에는 해당 학생을 선조치로서 학교장 결재를 받아 '자기 성찰 지도'를 하며 생활교육위원회에 추인을 받는다.					
	교사의 수업 및 생활지도 관련 정당한 지시 및 지도 불응 1회	○	○	○	○	○
	교사의 수업 및 생활지도 관련 정당한 지시 및 지도 불응(동일 교사 기준 누적 2회)		○	○	○	○
	교사의 수업 및 생활지도 관련 정당한 지시 및 지도 불응(동일 교사 기준 누적 3회 이상)			○	○	○
	교사에게 욕설 및 폭언, 폭력, 협박(고함, 고성 및 물건을 차고 던지는 행위)을 행사					○

2. 준법	징계 이수 시 지도 불응, 무단 이탈·무단 불참 등으로 징계 미이수		O	O	O	O
	사안을 조사할 때 거짓 진술 또는 위증 행위	O	O	O	O	
	학교 게시물 고의 훼손 혹은 학교 기물 파손	O	O	O	O	
	경찰서나 사법 기관에 연행 또는 구속 후 석방		O	O	O	O
	폭력적이고 선정적인 문서 및 영상을 은닉, 탐독, 제작, 게시 또는 유포	O	O	O	O	
	법률적이나 도덕적으로 학교의 명예 훼손	O	O	O	O	
	금품 절취 또는 사취	O	O	O	O	O
	공문서를 위조·변조하거나 불온한 목적으로 사용하거나 대여		O	O	O	O
	학교에 위협적인 분위기를 조성하는 단체나 동아리 조직 또는 가입	O	O	O		
3. 교육 활동	수업이나 교육활동 중 교사의 지도나 타인의 학습에 대한 지속적 방해 행위		O	O	O	O
	고사 관련 부정행위		O	O	O	O
4. 흡연 음주 (중점 지도)	술, 마약, 본드 등 항정신성 약물을 소지하거나 복용 또는 음주 측정 거부	O	O	O	O	O
	담배 또는 라이터 소지	O	O	O	O	
	흡연(흡연 측정 거부 포함)을 하여 1회 적발된 학생		O	O	O	
	흡연 관련 사회봉사 징계를 받은 학생이 흡연(흡연 측정 거부 및 담배, 라이터를 소지 포함)을 하여 2회 적발된 학생			O	O	O
	흡연 관련 특별교육 징계를 받은 학생이 흡연(흡연 측정 거부 및 담배, 라이터를 소지 포함)을 하여 3회 적발된 학생				O	O
	흡연 관련 출석정지 징계를 받은 학생이 흡연(흡연 측정 거부 및 담배, 라이터를 소지 포함)을 하여 4회 적발된 학생					O

번호	생활 벌점 내용	벌점
1	등교 시 슬리퍼 착용	1
2	등하교 시(교외 행사 포함) 자전거 탑승자 안전모 미착용	1
3	낙서, 침, 껌, 쓰레기 무단 투척, 실내 공놀이 등의 기초 질서 문란 행위	2
4	교내 사복 착용(학교 승인 티셔츠 및 겨울철 외투 제외)	2
5	심한 욕설 행위	2~3
6	피어싱 또는 문신 행위	3
7	정당한 사유 없이 늦게 입실	3
8	등교 시 교복 미착용(상하복 각 1점)	1~3
9	수업 시간, 아침 조회, 종례 중 화장을 하는 행위 (화장품 및 파우치 등이 노출된 경우도 포함) - 1차, 2차, 3차는 동일 교사에게 적발 시 기준	1차 적발-3 2차 적발-4 3차 적발-5
10	수업 중에 휴대폰 사용 행위(단말기 노출 및 이어폰 착용 포함) - 1차, 2차, 3차는 동일 교사에게 적발 시 기준	1차 적발-5 2차 적발-8 3차 적발-10
11	교사의 정당한 지시 및 지도에 불응하는 행위 (자리 이탈, 실내 정숙, 음식물 섭취, 질서, 안전 등등 기타 행사 관련 지시) - 1차, 2차, 3차는 동일 교사에게 적발 시 기준 * 교권 침해(수업 및 생활지도 관련 정당한 지시 및 지도의 지속적인 불응) 시 생활교육위원회에 회부	1차 적발-5 2차 적발-8 3차 적발-10
12	화재가 없는 상황에서 화재경보기 작동	1차 적발-8 2차 적발-17 3차 적발-20
13	등하교 시(교외 행사 포함) 오토바이를 직접 운전하는 것 또는 오토바이 등에 동승하는 행위	10
14	교실 기자재의 교육 목적 외 사용	2
15	기타 교칙 및 규정 위반 행위	1~10

교사의 자의적 학생 징계권은 부메랑으로 돌아온다

이러한 생활지도 체계는 교사를 인간적으로 존중하게 하기보다는, 교사를 학생의 행동 반경을 결정하고 통제하는 권력자로 여기게 만든다. 학생들은 권력자에 순종하거나 반항하거나 둘 중 하나의 전략을 택하게 되는데, 후자의 선택을 한 경우 벌어지는 것이 '교권 침해', 즉 교사가 공격받는 상황이다.

교사의 입장에서는 생활지도가 학생에게 벌을 주는 권한으로 여겨지므로, 처벌의 내용과 정도를 주로 고민하게 된다. 또한 학교의 상황에서는 교사에게 '금지'가 더 쉬운 방법이기도 하다. 교사는 금지했는데 학생이 이를 어겼다면 문제가 생겨도 학생의 책임이 되고 교사의 책임은 가벼워지기 때문이다. 실제로 학교에서 의무화된 대부분의 안전 대책은 사고가 났을 때 면피하기 위해 학생에게 금지되는 행동 목록을 전달하는 형태로 이루어지는 경우가 많다. 이런 이유로 교사나 학교는 '금지'를 일상화하고 예외적으로 허용하는 방향으로 학생들의 행동을 통제하는 전략을 쓰게 된다.

이러한 상황은 교사에게도 생활지도에 대한 책임과 부담으로 돌아온다. 예를 들어, 안전을 위해 뛰는 것이 금지되어 있는 복도에서 뛰는 학생을 교사가 목격했을 때, 그것을 발견하고 상응하는 벌을 주는 역할은 교사의 몫이 된다. 징계 규정을 세세하게 추가하면 문제의 경중 또는 성격과 원인에 관계없이 규정이 늘어나기 때문에 어기는 학생도 늘어나기 마련이다. 그래서 여유가 없는 학교생활의 와중에는 어떤 규칙을 위반하든 간에 청소를 시킨다든지 벌점을 매기는 등의 단순한 조치밖에 할 수 없다. 하지만 동일한 문제행동이라 해도 학생들은 모두 다른 맥락과 원인을 가지고 있는 경우가 많다. 지각을 하는 경우에도 '늦게까지 게임을 해서', '깨워 줄 사람이 없어서', 심지어 '집이 너무 가까워서' 등 다양한 이유가 있다. 아무리 벌점을 매기고 청소를 시킨다고 해도 그 문제의 원인에 접근하기는 어렵다.

이렇듯 금지와 처벌만으로는 그 행동과 상황의 이면에 있는 학생들의 좌절과 불안, 문제적 상황에 대응할 수 없고 문제행동은 계속 재발하게 된다. 규칙을 다시 강화하고, 규칙을 위반하는 학생은 더 늘어나고, 또다시 규칙을 만드는 악순환이 일어난다. 이러한 상황이 만성화되면 규칙은 있지만 학생들은 계속 규칙을 어기면서, 그 안에서 "우리 학교/반은 엉망이야"라며 학교 공동체에 대한 불신을 느끼기도 한다. 학교와 교실이 학생들이 경험하는 첫 번째 사회라면 그 안에서 학생들은 자신들이 규칙을 어기고 싶은 마음이나 지키기 어려운 이유에 대해 표현하고 대화하는 과정에서 왜 그 규칙이 필요한지 배울 수 있어야 한다. 하지만 지금의 학교는 그렇게 규칙을 함께 익혀 나가고 자신의 이야기를 표현하게 하기보다는, 자신을 감시하고 처벌하는 눈을 피하는 방법에 더 골몰하게 만든다.

또한 징벌 위주의 체계는 벌에 대한 형평성이 지켜져야 한다는 것이 중요한 전제다. 하지만 이는 잘 지켜지기 어려울뿐더러, 같은 벌이더라도 학생에 따라서 받는 영향도 다르다. 어떤 학생은 비언어적 몸짓이나 눈빛만으로도 모멸감을 느끼기도 하고, 같은 과제를 부여해도 어떤 학생은 다른 학생보다 훨씬 더 많은 시간과 노력을 들여야 해서 고통스럽게 느끼기도 한다. 즉, 징벌 체계를 통한 규율은 서로 다른 정서적, 신체적 상태를 지닌 학생들에게 각기 다른 영향을 미친다. 입시 위주의 교육이 학습에 동기화된 학생들만을 정상적인 학생으로 치부하듯, 생활지도 역시 학습에 흥미가 없는 학생, 학습 결손이 누적된 학생, 관계를 맺지 못해 교실 환경을 불안하게 여기는 학생 모두를 비정상적인 문제 학생으로 만든다. 수많은 행동의 금지와 그에 따른 단순 고통을 유발하는 지도 방식은 다양한 학생들의 고통을 헤아리지 못하고 교실에서 배제하는 결과를 낳게 되는 것이다. 예를 들어, 일정 시간 이상을 집중하지 못하는 ADHD 학생은 늘 수업 방해자로 호명되기 일쑤이고 처벌이 반복되면 더욱 학교에 적응하기 어렵게 될 수 있다. 가정의 책임을 강조하는 경향 역시 자녀 교육에 일정 시간 이상을 쏟을 수 있는 양육자가 있는 상황을 전제한다. 현재 한국에서 이루어지고 있는 훈육 및 생활지도는, 좁은 정상성을 전제하고 있으며 학생들의 다양성을 존중할 수 없다.

생활지도는 왜
학생인권 문제가 되어 왔는가

교육 당국은 교사의 학생에 대한 지도 범위를 실로 광범위하게 제시하고 있다. 생활지도 고시는 '학업 및 진로', '보건 및 안전', '인성 및 대인관계', 그리고 '그 밖의 분야'(특수교육대상자와 다문화 학생에 대한 인식 및 태도, 건전한 학교생활 문화 조성을 위한 용모 및 복장, 비행 및 범죄 예방, 그 밖에 학칙으로 정하는 사항)를 생활지도의 범위로 명시했다. 학생인권 규범에 의해 인권 침해라고 비판받은 개인의 두발·복장 등 용모에 대한 단속도 생활지도의 범위라고 제시하여 규제가 폐지된 학교에서도 교사나 교장의 방침에 따라 규제가 부활할 여지를 준 것은, 교육 당국이 과거에는 물론 현재까지도 인권 침해 행위를 교육상 필요한 것으로 간주하고 있음을 보여 준다.

이렇듯 교사가 학생에 대해 일거수일투족을 감시하고 규율할 수 있는 것이 학교의 현실이다. 학생인권조례는 이런 현실 속에서 개개인이 존중받아야 할 최소한의 인권의 영역, 신체의 자유나 사생활의 자유, 양심·

종교의 자유 등을 선언한 제도였다고 할 수 있다. 생활지도를 교사가 자의적으로 학생에게 모든 것을 금지할 수 있는 것으로 생각해 온 학교에서는, 이처럼 개인이 결정할 영역을 보장해야 한다는 학생인권의 주장이 곧 '교권(생활지도권) 침해'라고 받아들여졌다.

대표적인 예로, 2018년부터 시작된 '스쿨 미투 운동'은 끊임없이 교권 침해라는 반론에 시달렸다. 그 배경에는 교사 입장에서 좋은 의도이더라도 학생에게 상처를 주는 행위가 학생들의 입장은 반영되지 않은 채 오랫동안 교육의 이름으로 관행적으로 반복되어 온 상황이 있다. 복장 규제를 위해 학생을 위아래로 훑어보거나 치마 길이를 재는 등의 행위나 수업 중 유머 코드처럼 쓰이던 교사들의 성희롱적 발언들은 더 이상 사회적으로 용인될 수 없게 되었다. 그러나 학교 안에는 교사의 이런 지도 행위에 대해 공식적으로 견제할 장치도 없었고, 교사의 언행이 인권 침해나 위협이 될 수 있음을 경계하고 모니터링할 통로도 없었기에 문제가 잘 고쳐지지 않았다. 그러다가 문제를 제기받은 교사들은 자신은 그럴 의도가 아니었다고 하며, 자신이 그런 행위를 할 수 있는 것이 교권이라고 항변하는 지경에 이르렀다.

꼭 특정한 표현을 사용하거나 분위기를 만들지 않아도 성적 불쾌감을 느끼는 일은 일어날 수 있고 교사도 실수를 할 수 있다. 만약 일상적으로 학생들이 교사의 발언에 문제를 제기할 수 있다면 그러한 상황이 생겼을 때 바로 이야기하고 교사가 공식적으로 사과하고 마무리되었을 수 있다. 그런데 그러한 견제와 해결이 불가능하다 보니, 시간이 지날수록 불쾌감은 누적되고, 집단적 수치심까지 불러온다. 교권보호위원회에 회부되거나 학교생활기록부 등에서 불이익을 당할까 두려워 입을 열지 못하는 학생들의 마음에는 상처와 분노가 쌓이고, 세상에 이를 폭로하거나 사법적 수단에 기대어 문제를 바로잡으려는 상황이 곳곳에서 벌어졌다. 즉, 스쿨 미투 운동은 교권 침해가 아니라 학교 체계와 교권의 부작용 때문에 일어난 현상이다.

이처럼 학교에서 누적된 문제를 제기하면 교권 침해라고 느끼는 경향은 학생인권 제도화가 어느 정도 진행된 이후에도 계속되어 왔다. 학생인권 보장이 어떤 의미인지, 학교는 무엇을 고민하고 변화시켜야 하는지 하는 논의가 부족한 채, 학생인권을 오직 '체벌 금지', '두발 길이 자유화', '생활복 허용' 등 파편적으로만 받아들였기 때문이다. 교사의 자의적인 생활지도권과 교사-학생 사이의 위계에 대한 문제의식, 학생인권이 이야기하는 신체의 자유나 사생활의 자유의 본질적 의미 등이 학교에서 제대로 공유되지 않은 탓이 크다.

생활지도가 학생인권의 문제가 된 것은, 공식적으로 견제받지 않는 자의적인 학교 규율과 그것을 교권의 이름으로 포장하여 집행해 온 역사가 반영되어 있다. 그리고 이에 대해 다양한 방식으로 변화를 촉구했던 움직임이 학생인권조례와 스쿨 이후 운동 등이었다. 서로의 인권을 침해하지 않고 함께 살아가기 위해 다 같이 지켜야 할 것들에 대해 토론하는 과정 없이, 교사가 일방적으로 학교에서만 지켜야 하는 규율을 만들고 강제하는 행위는 더 이상 교육이 아니라는 점을 선언해야 하는 때가 왔다.

휴대전화,
만악의 근원일까

이윤승

생활지도 고시의 주인공, 휴대전화

「교원의 학생생활지도에 관한 고시」의 근거가 되는 「초·중등교육법」에서는 학생 생활지도가 '학생의 인권을 보호하고 교원의 교육활동을 위해 필요한 경우' 가능하다고 한정하고 있다. 그리고 생활지도 고시 해설서는 학생의 인권을 보호한다는 것의 의미는 학교폭력, 위해·위험 요인 등으로부터 학생의 안전을 보장하고, 학생의 학습권 등 학생의 권리를 보호한다는 것이라고 설명하고 있다. 학생의 안전을 보장하는 것이 학생의 인권을 보호하는 활동이라는 부분은 쉽게 이해가 가는데, 학생의 학습권을 보호하기 위한 생활지도란 무엇일까? 생활지도 고시의 구성과 순서를 보면 어느 정도 유추할 수 있다. 생활지도 고시의 제1장은 총칙으로 제1조 목적, 제2조 정의, 제3조 교육 3주체의 책무가 들어 있다. 그런데 특이하게도 총칙 부분의 제4조에는 '수업 중 휴대전화 사용'이 들어 있다. 휴대전화 사용에 관한 내용은 제3장 생활지도의 범위와 방식에 대한 부분에 들어가는 것이 더 적절할 텐데, 왜 굳이 휴대전화 조항이 제1장 총칙에 자리를 잡고 있을까. 휴대전화가 생활지도 고시의 주인공이기 때문일까.

제1장 총칙

제4조(수업 중 휴대전화 사용) 학생은 수업 중에 휴대전화를 사용해서는 안 된다. 다만, 교육 목적의 사용, 긴급한 상황 대응 등을 위하여 사전에 학교의 장과 교원이 허용하는 경우에는 휴대전화를 사용할 수 있다.

휴대전화가 생활지도 고시에서 큰 비중을 차지하고 있다는 증거는 여러 곳에서 찾아볼 수 있다. 총칙에 수업 중 휴대전화 사용에 대한 금지 원칙을 명시한 것으로 그치지 않고, 제3장에서는 생활지도의 방식 부분에서 수업 중 2번의 주의 조치 이후엔 휴대전화를 압수(공식 용어는 "물품 분리")할 수 있음을 설명하며, 다시 한번 휴대전화를 위한 자리를 내어주고 있다. 특히 수업에 부적합한 물품들 중 휴대전화를 콕 집어서 언급한다. 그리고 같은 조의 그 다음 항에서는 혹시나 비싼 휴대전화가 압수 과정에서 분실되거나 파손되어 문제가 될 것을 염려한 나머지, "학교의 장과 교원이 주의를 주었음에도 학생이 이를 무시하여 인적·물적 피해가 발생한 경우, 사전에 주의를 준 학교의 장과 교원은 생활지도에 대한 책무를 다한 것으로 본다"와 같은 표현을 통해 파손 책임에서 벗어날 수 있을 것처럼 서술하고 있다.

휴대전화에 관한 내용은 고시 전체에서 총 4번 등장한다. 대단히 중요해 보이지는 않을 수도 있고, 총칙에 등장하는 것이 그리 이상하지 않다고 느끼는 사람도 있을 수 있다. 하지만 휴대전화 외엔 그 어떤 구체적인 물건도 제1장부터 등장하는 것은 없기에 특별한 대우라고 볼 수밖에 없다. 특히 생활지도 고시 해설서는 휴대전화에 훨씬 더 많은 부분을 할애한다. 해설서에선 '휴대전화'는 개인용 스마트폰뿐만 아니라 스마트워치, 태블릿PC, 노트북 등의 휴대용 전자기기가 모두 포함된다고 쓰여 있다. 휴대전화를 사용한다는 것의 의미는 전자기기를 통해 음성, 문자, 영상을 주고받는 행위, 정보 검색, 열람 또는 생성, 저장하는 행위라고 하고, 이 중 생성이라는 것엔 음성 녹음과 영상 촬영을 포함한다고 설명하고 있다.

왜 고시의 조문에서는 '수업 중 휴대전화 사용'이라고 적어 놓고, 해설서를 통해서는 이렇게 방대한 내용을 포함시키려는 것일까. 수업 중에 휴대전화를 쓰지 말자는 것은 학생과 교사 모두가 마찬가지로 지켜야 하는 에티켓 정도가 아닌가. 급하면 쓸 수도 있지만 수업에 잘 참여할 수 있게끔 사용을 삼가야 한다는 정도면 충분한 것이 아닌가. 그런데 왜 굳이 생활지도 고시와 그 해설서를 통해 휴대전화를 비롯한 모든 전자기기를 이토록 통제하려는 것일까. 생활지도 고시와 해설서를 만든 사람들은 수업 시간에 전자기기만 모두 꺼 놓으면 수업이 원활하게 이뤄지면서 학생의 학습권이라는 '중요한' 인권이 보호된다고 믿는 것일까.

휴대전화만 사라지면 된다?

고등학교 수학 교사로서 생각해 보면, 수업 시간에 휴대전화를 하지 않는 학생이라고 해서 모두 수업에 잘 참여하는 것은 아니다. 다른 과목을 공부하거나, 수업을 이해하지 못해 멍하니 바라보거나, 졸고 있는 경우도 많다. 그래서 수업 참여를 독려하기 위해 학생과 상담해 보면 이미 초등학교나 중학교에서부터 수학에 어려움을 느끼고 포기한 경우라서, 당장 수학 수업에 참여할 수 있도록 도와주기도 어렵다. 구구단이나 인수분해를 못 하는 학생에게 미분 수업을 하면서 눈을 똑바로 뜨고 고개를 번쩍 들어 집중하며 과제를 수행하게 하는 것이 어떻게 가능할지 의문이드는 순간이 많다. 그러니 학생 입장에선 자연스레 수업에 참여하기 어렵고, 잠을 자는 것은 너무 눈에 띄니 태블릿PC라도 켜 놓고 수업에 참여하는 척이라도 하는 것일 수도 있다.

이것은 일례일 뿐, 학생이 수업 시간에 전자기기를 사용하는 이유는 더 다양하다. 실제 학교의 환경이 이럴 수 있는데도 생활지도 고시와 해설서에선 현실과 동떨어진 채 학생이 휴대전화를 사용하지 못하게 하고 압수하기 위한 권한만 교사에게 주려고 하고 있다. 만약 학생이 수업 시간에 스마트폰이나 스마트워치를 사용하고 있다면 교사는 어떻게 해야 할까? 생활지도 고시에서 권하는 방식은 조언, 상담, 주의, 훈육, 훈계인데, 실제로는 대부분이 수업을 진행하기 위해 기계적이고 즉각적인 조치를 하는 데만 머무른다.

생활지도 고시와 해설서를 더 구체적으로 보면, 휴대전화는 대부분의 단계에서 다뤄진다. 상담 단계에선 휴대전화를 왜 사용하는지에 대한 이야기를 어떻게 할 것인가 하는 내용이 나올 법하지만, 교사가 학생과 상담하는 과정에서 학생이 전자기기로 녹취와 녹화를 할 수 없다는 내용이 주를 이룬다. 그리고 주의 단계에선 수업 중 사용 시에 주의를 줄 수 있음이, 훈육 단계에선 훈육의 일환으로서 물품을 분리시킬 수 있음이 나온다. 종합하면 어떻게 수업시간에 전자기기 사용을 줄이면서 수업에 참여하게 할 수 있을지에 대한 고민은 없고, 휴대전화를 이용한 녹취·녹화를 막고, 상담 중이든 수업 중이든 학생이 교사 허락 없이 휴대전화를 사용하면 압수를 해서라도 못 쓰게 하는 표면적인 대처에만 초점이 맞춰져 있다.

그런데 과연 학생이 수업 시간이나 상담 시간에 녹취·녹화를 하는 것은 완전히 금지되어 있을까? 해설서에서부터 학생이 전자기기를 사용할 수 있는 몇 가지 사례가 제시된다. 사전에 교육 목적과 긴급한 상황에 대응하기 위함이라는 신청서를 작성하여 학교의 장과 교원에게 허가받는다면 스마트폰 사용 또는 수업 녹화가 가능하다. 그리고 특이한 상황도 있다. 교원이 학생을 훈계, 훈육하는 과정에서 긴급 상황이 생긴다면 교원의 요청에 따라 증거로 쓰기 위해 해당 과정을 녹취하거나 녹화할 수 있다. 예를 들어 다른 학생과 교사

사이에서 긴급 상황이 발생했을 시 교사가 얼른 촬영하라고 지시를 내리면 다들 꺼져 있던 스마트폰을 켜서 그 장면을 촬영할 수 있다는 것이다. 물론 이는 촬영 장면은 교사를 위한 증거 수집용으로만 허락되며, 학생이 찍은 영상이라도 교사 허락 없이 배포하는 것은 금지되어 있다. 정말 교사에 의한, 교사를 위한 사용 지침이다.

하지만 법률을 따져 보면 그렇지 않다. 생활지도 고시와 해설서는 교사와 학생 모두에게 거짓말을 하고 있다. 해설서에선 「통신비밀보호법」 제14조를 근거로 녹취에 대한 가이드라인을 제시하고 있지만, 제14조에서 금지하고 있는 것은 공개되지 아니한 타인 간의 대화를 녹음하는 행위이다. 대화 당사자의 녹취는 법적으로 가능한 행위이다. 학생이 수업과 상담 과정에서 대화를 나누고 이야기를 듣는 당사자라면 동의가 없더라도, 사전에 허가받지 않더라도 녹음을 할 수 있다는 뜻이다. 물론 동의 없이 녹음한 내용을 무단으로 배포하거나 공개하면 명예 훼손 등의 사유로 처벌받거나 민사 소송을 당할 수는 있다. 그러나 판례에 따르면 정당한 사유가 있을 시 동의 없는 녹취 자료도 증거 능력을 인정받을 수 있으며, 처벌도 받지 않을 수 있다.

그런데도 왜 생활지도 고시에서는 교사의 동의 없이는 어떤 경우에도 학생의 휴대전화 사용이 안 되는 것처럼, 녹음 등이 불법적인 것처럼 말하고 있을까. 해설서에 법에 대해 사실과 다른 내용까지 넣은 것을 보면 학생의 휴대전화 사용을 금지하고 교사의 통제 아래에 두려는 집착이 느껴진다. 생활지도 고시를 만든 이들은 수업을 방해하고 교권을 침해하는 최대의 원인을 휴대전화로 보고 있는 것 아닌가 싶다. 그러지 않고서야 휴대전화 규제에 이렇게 많은 부분을 할애할 리가 없다. 아무리 봐도 생활지도 고시가 지향하는 바가 너무나 협소하고 논리가 빈약하다는 느낌을 지울 수 없다. 이래서야 정말 교권의 보장, 강화가 가능키나 할 것인가.

휴대전화와 분리가 가능한 자만 돌을 던져라

생활지도 고시를 보면 학생을 수업 시간에 분리 조치하는 과정은 절차가 복잡한 데 비해, 휴대전화 압수(물품 분리)는 매우 간단하다. 아마도 고시를 기준으로 생활지도를 한다고 하면 제일 손쉬운 것이 휴대전화를 압수하는 일일 것이다. 해설서에서는 모든 전자기기를 포함한다고 하고 있으니 스마트워치, 태블릿PC 등도 모두 압수 가능하다.

그렇다면 교사들의 수업을 방해하는 주범은 정말 휴대전화일까? 만약 교사들이 그렇게 생각하고 휴대전화 '분리'를 자주 시도하다 보면 학생과 교사 사이의 갈등은 커질 수밖에 없다. 이미 스마트폰은 어린이·청소년들에겐 자신이 속한 세계와 연결되는 도구이자 창이다. 일상의 세계만큼이나 인스타그램의 세계에 더 익숙하고 친구의 일상도 SNS를 통해 확인하곤 한다. 그런데 휴대전화를 쉬는 시간이나 점심시간까지도 못 쓰게 된다면 학생 입장에선 일상의 대부분을 장시간 포기하는 것이나 마찬가지이다. 그 세계를 포기할 수 없는 학생이라면 교사가 휴대전화를 압수하려고 들 때 아주 거세게 반항할 수 있고 그 과정에서 물리적인 충돌도 일어날 수 있다. 그 학생에겐 단지 자기의 소지품 하나의 문제가 아니라, 자신이 속한 세계에서 분리·단절된다는 느낌일 수 있기 때문이다. 더구나 교사가 생각하기에 목적이 아무리 옳다고 해도 결국 개인의 소유물에 대한 사용을 제한하고 소유물을 압수하는 것은 시민의 기본권을 침해하는 행위이기에 득보다 실이 더 클 수밖에 없다.

물론 수업 중 휴대전화를 쓰는 모습이나 스마트 기기에 중독되어 가는 현상에 문제가 없다는 것은 아니다. 하지만 이는 학생들만이 아니라 현대인 대부분이 겪는 일반적인 현상이다. 그렇기에 일각에서 이야기하듯 학생의 스마트폰 중독이 청소년의 문해력의 저하와 폭력성 강화로 이어졌다고 쉽게 진단할 수는 없다. 학교에서 스마트폰만 빼앗으면 학생들이 수업에 집중하고 평온하게 독서를 할 것이라고 단정할 수도 없다.

수업 시간에 독서 과제를 주어도 책을 읽지 않으며, 수업이 끝나고 쉬는 시간이 되어도 화장실도 안 가고 게임과 SNS에 빠져 있는 학생들을 보면서 답답함을 느낄 수 있다. 나도 그런 느낌이 들 때가 있다. 스마트폰은 너무나 빨리 우리 인간의 삶에 들어와 버렸다. 나 또한 나의 스마트폰 사용 기록을 보며 어떤 날은 사용 시간이 너무 길어서 놀랄 때가 많다. 그만큼 중독성이 강하고 스마트폰 없이는 살기 어려운 환경에 모든 현대인이 노출되었기에 그로부터 자유로워질 수 있는 방법을 찾으려면 더 많은 고민과 실천이 필요하다. 많은 교사가 학생들의 스마트폰 중독을 걱정하고 '숏폼short-form'에 익숙해진 탓에 독서 기피 현상이 일어나고 있다며 한탄하기도 하지만, 정작 그렇게 걱정하는 교사들조차 스마트폰 중독에서 자유롭지 않다. 공강 시간이면 숏폼을 1시간 내내 보는 교사도 있고, 점심을 먹거나 회의를 하면서도 게임을 놓지 않는 교사들이 많다. 책을 읽지 않는 교사들도 점점 늘고 있고, 온라인 연수 덕분에 직무 연수 이수 시간은 늘었지만 정작 연수 내용은 기억하지 못하는 교사들이 많다. 이런 교사들의 모습에는 문제가 없고, 수업 시간에 스마트폰을 하거나 쉬는 시간에 게임을 하고 SNS에 사진을 올리는 학생들만 문제라고 할 수는 없다는 것부터 인정해야 한다.

즉 스마트폰이 초래한 문제들은 우리 현대인들이 공통적으로 겪고 있는 문제이니 학생과 교사가 함께 해결해야 한다는 인식에서 출발해야 학생도 공감하는 대책을 마련할 수 있을 것이다. 교사가 진심으로 스마트폰이 학교에서 얻을 수 있는 지적인 능력 향상과 사회적인 공감 능력 향상을 저해하고 있다고 믿는다면 스마트폰을 뺏는 것은 오히려 문제를 회피하는 방식일 뿐이다. 학교에 있지 않은 시간까지 교사가 학생들을 따라다니며 주의를 주고, 스마트폰을 압수할 수는 없지 않은가. 그리고 생활지도 고시가 보지 못한 더 큰 문제가 있다. 휴대전화를 압수한다 해도 소용없을 만큼 이미 교실은 '스마트한' 공간이 되어 버렸다.

교육부는 2025년부터 초등학교부터 고등학교까지 디지털 교과서를 도입할 계획이다. 이미 초등학교 영어 수업 시간에는 펭수가 나오는 AI 프로그램을 활용해 수업을 하고 있다. 학생들은 교사를 보지 않고 태블릿PC의 화면을 보며 펭수에게 영어를 배운다. 중·고등학교에서도 태블릿PC를 통해 수업을 진행하는 교사가 많고 학생들도 노트북 등을 이용해 필기하고 과제를 하고 있다. 이미 생활의 영역만큼이나 학교의 모든 영역도 단지 '휴대전화'만 문제라고 명명하기 어려울 만큼 다양한 전자기기와 온라인 환경으로 둘러싸여 있다. 그런데 교사가 수업 시간에 이 모든 것들을 통제하면서 자신이 허락하는 순간에만, 허락하는 기기를 통해서, 허락된 곳에만 접속하게 하는 것이 가능할까. 이렇게 종이와 펜이 아니라 스마트폰과 태블릿PC, 노트북을 통해서 교육에 참여하고 있는 학생들에게서 전자기기를 압수할 수 있을까? 정녕 학생들이 쉬는 시간에는 독서를 하고 산책을 하면서 친구와 교감하고, 땀을 흘리며 운동하다가, 수업 시간에만 디지털 교과서와 전자기기를 이용하고, 수업이 끝나면 다시 전자기기 사용을 멈추는 것이 가능할 것이라고 믿고 있는 것인가? 심지어 ChatGPT로 대표되는 생성형 AI가 등장한 이후로 학생들은 AI를 이용해서 과제를 하고 교사도 AI를 이용해서 업무를 하고 있다.

  그럼에도 스마트폰 사용에 적당한 선을 찾아야겠다

면, 바로 그 적당함을 찾게 하는 것이 교육의 목표가 되어야 한다. 스마트폰을 압수할 것이 아니라 오히려 가까이 둔 채로 적절하게 사용법을 찾아 가게 해야 한다. 스마트폰은 나에게 필요한 시간에 필요한 만큼만 사용하는 연습을 하는 도구가 될 수 있고, 학교는 전자 기기를 중독적으로 쓰지 않기 위한 자기 관리를 배우는 공간이 될 수 있다. 학교에서 배워야 할 것은 자기 결정권을 행사하면서 그 결정에 책임을 지고 시행착오를 겪어 가면서 스스로에게 맞는 생활 태도를 정하고 익히는 것이다. 그런 적당함과 적절함의 느낌은 경험을 통해 배울 수밖에 없다. 교사 또한 학생만큼이나 스마트폰 이용에서 그런 감각을 찾지 못했을 수 있으니 학생들과 함께 노력해야 한다. 그것이 이 시대에 맞는, 학생을 위한 디지털 생활지도의 방향일 것이다.

그런 적절한 정도를 찾지 못해 방황하는 시간이 너무나 길어지는 학생이 있을 때 도움을 주는 정도가 교사가 해야 할 역할이다. 또한 정말 스마트폰이 인간의 성장 과정이나 인간관계 형성에 큰 문제를 낳는다고 보는 교사라면, 학생들이 왜 스마트폰을 많이 사용하게 되는지 이야기를 들어 보고 그들의 삶에 대해 이해하기 위한 노력을 기울여야 하지 않을까. 예를 들어 스마트폰보다 더 즐거운 학교생활을 위해 담임이 함께 스포츠 활동을 한다거나, 학생들이 독서의 즐거움을 느끼도록 함께 노력하는 모습을 보여야 마땅할 것이다. 아침부터 스마트폰을 일괄 수거하거나 압수한다는 발상은 학생을 믿지 못한다는 점에서도 문제이지만, 교사도 별다른 노력을 기울이지 않고 학생들이 스스로 관리하는 법을 배울 기회조차 뺏는다는 점에서 무책임하기도 하다.

스마트폰이나 전자기기, AI 등은 절대선도 절대악도 아니다. 그런데 한국은 이런 것들이 한편에선 절대악이면서 다른 한편에선 절대선인 것처럼 대하는 모순에 빠져 있다. 교육부는 생활지도 고시로 학생들의 휴대전화는 어떻게든 금지하고 규제하려고 하면서도, AI 디지털 교과서를 내세우면서는 '스마트한 학교'에서만이 개별화 교육이 가능하고 그것이 미래 교육의 표준인 것처럼 호도하며 예산을 투입하고 있다. 세계 최초로 디지털 교과서를 전면 도입하는 스마트 교육 강국인 동시에 허락되지 않은 학생의 스마트폰은 얼마든지 압수하는 학교를 꿈꾸는 것 같은데, 이는 현실적이지도 않고 핍진성이 떨어진다.

휴대전화 사용 금지는 세계적 추세?

생활지도 고시가 시행되면서 더욱 많은 학교에서 학생들의 휴대전화 소지를 금지하고, 수거 등의 방법으로 하루 종일 분리시키려고 할 것으로 예상된다. 이에 더해 국회에서도 학교에서 휴대전화를 금지하는 법안이 발의되면서, 이런 정책이 세계적인 추세인 것처럼 이야기되고 있다. 특히 2023년부터 언론에서도 이런 소식들이 연달아 보도됐다.

그런데 휴대전화 사용을 금지한다고 발표된 국가와 사례를 살펴보면, 정치적인 상황도 고려해야 하며 그 나라 안에서 다양한 반응들이 있음을 알 수 있다. 우선 휴대전화 사용 금지를 법이나 국가의 정책으로 정한 곳들은 대개 보수적인 정권이 집권하고 있다. 국민의힘의 대한민국, 국민당이 총리가 된 뉴질랜드, 보수파로서 오랫동안 집권 중인 마크롱의 프랑스, 보수당이 집권 중인 영국, 공화당의 드샌티스가 주지사인 미국 플로리다와 같은 지역들이 그렇다.

또한 해당 국가 안에서도 여러 반응들이 있어서, 한국의 언론에는 잘 보도되지 않지만, 학교 휴대전화 금지 정책을 환영하는 단체도 있고 그렇지 않은 단체도 있다. 다양한 분석을 통해 스마트폰 사용에 대한 적절한 정책을 만들고자 연구하는 기관도 있다. 프랑스에선 마크롱 대통령이 당선되자마자 학교 휴대전화 금지를 외쳤지만 많은 학교장이 비판적인 견해*를 표하기도 했고 영국의 교사노조나 플로리다의 교사단체, 학부모단체는 지금 정부가 해야 하는 것은 학교에서 휴대전화를 쓰지 못하게 하는 것이 아니라, 학생들이 스마트폰을 통해 접하는 유해 환경에 대한 대책을 마련하는 것이라고 촉구하기도 했다.

---

* "佛정부 "초중생 교내 휴대폰 금지"… 학부모·학교 "그게 될까"", 〈연합뉴스〉, 2017년 12월 12일.

또한 프랑스나 영국 같은 경우엔 정부가 법률을 제정한다고 해도 이는 선언적인 역할일 뿐 실질적으로는 학교의 재량에 맡기고 있기도 하다. 이는 학교 안의 민주주의가 작동하고 있다는 의미이기도 하다. 프랑스의 경우, 산부인과에서 부모가 휴대전화를 사용하면 아이와 교감을 못 한다면서 병원 내에서 휴대전화를 사용하지 못하게 하는 규정이 있지만, 엄격하게 적용하고 강제하는 규정은 아니라고 한다. 이는 휴대전화 사용 같은 문제는 감시와 처벌보다는 선언과 캠페인을 통해 개선하는 것이 민주적인 조직이 추구해야 하는 방식이기 때문일 것이다. 그러므로 해외의 사례를 단편적으로 보고 우리도 휴대전화를 금지해야 한다고 당위를 정하기보다는, 학교 안의 민주적인 절차를 통해 학생과 교사가 합의와 약속을 만들고, 에티켓을 서로 지키며 이용을 조절해 가는 것이 지속가능한 삶의 태도를 형성하는 데에 더 큰 도움이 될 것이 분명하다.

물론 한국의 학교 환경에서는 아직 그런 민주적 논의를 기대하기 어려운 상황이다. 학교에서는 학생들의 인격과 의견이 존중받지 못하기 일쑤이고, 학생인권조례가 사라지면 학생들의 민주적인 의사 참여는 더욱 어려워질 것이다. 지금의 교권 강화 논리가 더 커진다면, 많은 양육자가 학교에 의사를 전달하는 것도 '교권 침해', '악성 민원'으로 비칠까 걱정하며 의견을 내기 어렵게 될 것이다. 지금도 학교는 인권적이고 민주적인 공간이라기보다는 학교장이 정하고 교사들은 집행하며 학생은 따르기만 하는 조직에 더 가깝다. 이러한 상황에서 생활지도 고시를 필두로 휴대전화를 금지하는 정책이 도입된다면, 학교는 획일적으로 금지하는 것만으로 해야 할 일을 다했다고 여길 것이고, 규칙에 불만을 가지거나 지키지 않는 일부 학생들만 문제 학생으로 치부될 것이다.

끝으로 학교 휴대전화 규제에 관하여 해외 사례를 찾다 보니 우리에게 큰 시사점을 주는 칼럼이 있어서 이를 소개하며 글을 마치려고 한다. 영국 본머스대학교에서 IT 윤리 및 디지털 권리를 가르치는 교수의 칼럼 일부를 발췌하였다. 전문을 읽고 싶은 분은 각주를 참고하기 바란다.

16세 미만의 휴대전화 소지와 소셜 미디어 사용을 금지하는 것이 성공적이지 않을 것이라는 연구 결과가 충분합니다. 예를 들어, 영국 아동위원회의 광범위한 청소년 음란물 접근에 대한 연구는 음란물을 볼 수 있는 법적 연령이 18세임에도 불구하고 어린이가 이 콘텐츠에 접근하는 것을 막으려는 수년간의 시도가 실패했음을 보여 줍니다. (……)

장벽을 세우고 금지함으로써, 우리는 피해를 입을 수 있는 사람과 그들을 도울 수 있는 사람 사이의 신뢰를 약화시킵니다. 이러한 제안은 좋은 의도로 이루어졌겠지만, 안타깝게도 실패할 운명에 처해 있습니다. 우리가 요구해야 할 것은 어른들의 더 나은 이해와 청소년들을 위한 더 나은 교육입니다.*

그동안 청소년의 포르노 시청을 금지해 왔지만 많은 청소년이 포르노를 본다. 흡연을 막기 위해 청소년 대상의 담배 판매를 금지했지만 청소년들의 흡연은 계속

---

* Andy Phippen, "Why bans on smartphones or social media for teenagers could do more harm than good", 〈The conversation〉, February 21, 2024.

되었다. 미국 역사 속 금주법 시행 기간에도 술은 여전히 판매되었다. 스마트폰은 금지한다고 금지할 수 있는 것이 아니다. 결국 잘 사용하는 것이 중요하다. 사이버 불링을 당하거나 악플에 시달릴 수도 있고, 스마트폰 중독으로 인해 힘들어하는 학생도 있을 수 있다. 교사가 해야 할 것은 학생들이 휴대전화 등 전자기기를 잘 사용할 수 있도록 돕고, 문제 상황이 발생했을 때 교사에게 도움을 청하기 쉽게 하는 것이다. 그런데 휴대전화를 금지하고 단속하는 주체가 교사라면 어떨까. 학생은 문제를 겪고 힘든 순간에도 교사를 떠올리지 않을 것이다. 금지시키는 자와 금지당하는 자 사이엔 신뢰감이 생기기 어렵기 때문이다. 학생을 돕고자 하는 교사라면, 학생을 위하는 교사라면 위계를 통한 금지가 아니라 위계를 넘어선 소통이 필요할 것이다.

학생 분리,
정상성으로 경계 짓기

―
하영

생활지도 고시와 분리

생활지도 고시가 시행되고 초등학교에서는 생활지도 고시의 내용이 녹아든 현장을 만나게 되었다. 비담임 교과 교사로 일하는 2024년, 유독 교실에서 시행하는 상벌점 제도를 쉽게 목격한다. 한 교시가 끝날 때마다 10점 만점에 수업 태도가 몇 점인지를 평가하게 하거나, 학급마다 감찰관 제도를 두고 수업을 방해하는 학생을 기록하고 담임 교사에게 보고하는

식으로 운영된다. 거기에 더해 확연한 변화로 느끼는 지점은 바로 수업을 '방해'한다고 여겨지는 학생을 분리할 수 있다는 분리 조치의 시행이다. 학생들은 학급 내 평가 제도에 의해 자리를 이동하게 되기도 하고, 분리된 다른 공간으로 보내지기도 한다.

주변의 교사들과 이야기를 나눠 보면, 분리 조치는 중·고등학교보다는 초등학교에서 더 활발하게 시행되고 적용되는 조치로, 적극적인 생활지도의 방법으로 제안되고 있다. 구체적으로 생활지도 고시에서 정한 '분리'는 "학생이 현재 머무르고 있는 공간적 위치에서 학생을 분리하는 것으로서 다른 좌석이나 위치, 장소로 이동하여 머무르도록 하는 것"을 의미한다. 학생이 분리되는 장소는 교실 내 다른 좌석, 지정된 위치, 교실 밖 지정된 장소, 정규 수업 외 시간에의 특정 장소다. 생활지도 고시 제3장 제12조 '훈육' 조항에는 다음과 같이 기술되어 있다.

⑥ 학교의 장과 교원은 학생이 교육활동을 방해하여 다른 학생들의 학습권 보호가 필요하다고 판단하는 경우, 다

음 각 호의 방법에 따라 해당 학생을 분리할 수 있다. 다만, 제3호 및 제4호에 따른 분리 장소·시간 및 학습지원 방법 등의 세부사항은 학칙으로 정한다.

1. 수업시간 중 교실 내 다른 좌석으로의 이동
2. 수업시간 중 교실 내 지정된 위치로의 분리(실외 교육활동 시 학습집단으로부터의 분리를 포함한다)
3. 수업시간 중 교실 밖 지정된 장소로의 분리
4. 정규수업 외의 시간에 특정 장소로의 분리

⑦ 학교의 장은 제6항 제3호 및 제4호에 따른 분리를 거부하거나 1일 2회 이상 분리를 실시하였음에도 학생이 지속적으로 교육활동을 방해하여 다른 학생들의 학습권 보호가 필요하다고 판단하는 경우, 보호자에게 학생인계를 요청하여 가정학습을 하게 할 수 있다.

제1호부터 제4호까지의 내용으로 분리 조치가 자리를 옮기게 하는 가장 덜 억압적인 조치에서부터 학생을 수업 공간에서 격리하는 것까지 위계화되어 있음을 알 수 있다. 생활지도 고시 해설서에 "분리는 징계 조치로서의 분리와는 구별"된다고 나와 있지만, 사실상 분리는 벌, 징계와 떨어질 수 없다. 왜냐하면, 분리를 시킬 수 있는 주체는 교사이며, 분리는 학생들을 수업 장면에서 격리함으로써 두려움을 느끼게 하기 때문이다. 분리된 학생은 쉽게 낙인의 대상이 되고, 다른 학생들 앞에서 평가받는 대상이 된다. 분리는 행동주의적 관점에서 "물리적 벌의 대안"으로 합리화되어 왔지만, 그 징벌적인 성격은 여전히 지속돼 왔다.* 사회적으로 분리하거나 수치심을 주는 방식의 벌은 체벌을 대신하는 것으로 정당화되었다. 쉬는 시간을 박탈당하거나, '모범적인' 학생들이 어떻게 노는지를 관찰하게만 하거나, 생각의자에 앉아 있도록 강요받거나, 수업 시간에 복도로 나가 서 있게 하는 등의 방식으로 행동에 제약을

---

* Durrant, J. E. & Stewart-Tufescu, A.(2017), 〈What is "Discipline" in the Age of Children's Rights?〉, *The International Journal of Children's Rights*, 25(2), pp. 359-379. 실제로 고시의 제14조(보상)의 내용은 학생과 교사의 위계적인 관계 속에서 "칭찬, 상 등의 수단"을 활용하여 학생에게 동기를 부여할 것을 명시하고 있다. 이러한 보상에 대한 명시는 학생과 교사의 위계 질서를 강화할 뿐 아니라 학생에 대한 행동주의적인 접근을 정당화하여 학생을 보상과 벌을 통해 통제되어야 할 대상으로 치환한다. 그 외에도 '보상'에 대한 언급은 그 자체로 문제가 있지만, 해설서에 명시된 보상 상황에는 '보상'이 생활 측면에서의 "바람직한 행동을 장려하고 촉진"하는 데에만 그 역할을 하지 않는다는 사실이 드러난다.

받기 때문이다.

마찬가지로 해설서에 적힌 "고의적으로 교실 밖으로 분리 조치 되려는 것을 방지하기 위해 분리 장소 선정 시 학생들의 선호 장소는 가급적 제외"해야 한다는 내용은, 분리 조치가 학생을 벌하는 방식으로 작동한다는 것을 의미한다. 실제로 분리된 학생은 교과서 요약, 행동성찰문 작성 등의 과제를 부여받아 분리된 시간 동안 그 과제를 수행해야 할 의무를 지닌다. 구체적으로 해설서에서 제시한 분리 지도 추진 절차의 모습은 다음과 같다.

그렇다면 생활지도 고시는 어떤 방식으로 분리를 교육의 일환으로 정당화하고 있을까? 해설서에 적시된 분리의 요건은 두 가지다. 첫째, 학생이 수업 중 잡담, 장난, 고성, 수업 거부, 기타 돌발 행동 등으로 다른 학생의 학습을 방해하는 경우다. 둘째, 교사의 정당한 생활지도를 거부하거나 타인의 안전에 위해를 끼치는 경우다. 즉 분리는 다른 학생들의 '학습권'을 방해한다고 여겨지거나 교사의 지도에 '반항'할 때 그 요건을 충족하게 된다. 이러한 분리의 요건은 모호하고 불명료할뿐

일시 분리 지도 추진 절차(예시)*

절차	담당	주요 내용
사전 준비	학교장 및 교직원	- 학칙 개정, 수업 방해 학생 일시적 분리 지도 방안 마련 * 분리 장소, 시간, 학습 지원 방법, 실시 절차 등 - 생활지도 고시 내용 및 학칙 개정 내용 공표·홍보

↓

절차	담당	주요 내용
교실 내 분리	수업 교사	- 별도 분리 좌석 및 지정 위치로 이동 지시 - 이동 시 자신의 학습 자료(교과서) 등을 지참하여 지속적 수업 참여 - 학생의 행동 교정 시 원래 자리로 복귀
교실 밖 분리	교장, 교감 등 지도 교사	- 교실 옆 복도로 분리 ※ 가능한 경우 복도에서 수업 내용 청취(또는 별도 과제 부여) - 별도 분리 장소(성찰실 등)로 이동 ※ 수업 교사는 비상벨 시스템, 내선 전화 등 학교 상황에 적합한 방법으로 교직원 등에게 분리 요청 - 분리 장소(성찰실 등)에서 대체 학습 과제 제시 및 수행 ※ 학교장에게 분리 사실 및 학습 현황 보고
보호자에게 학생 인계 (가정학습)	학교장 (교감 등)	- 학부모에게 학생 수업 방해 사유 통보 및 인계 요청 - 교실 밖 분리를 거부하거나 1일 2회 이상 분리를 실시하였음에도 학생이 지속적으로 교육활동 방해 - 가정에서의 학습 방법 및 유의 사항 안내 - 가정학습 학부모 확인서 전달

↓

절차	담당	주요 내용
후속 관리	관리자, 담임 교사, 교과 교사 등	- 분리 조치 학생 임장 지도 - 분리 장소 안전 상태 점검 - 필요 시 학생 상담(결과 누적 기록 관리 등) - 분리 학생 상담 및 치료 권유
	보호자	- 전문가 상담 및 치료 권유 시 적극 협조 - 학부모로서의 자녀 교육에 대한 책임 의무 이행 - 가정학습 확인서 작성 및 제출

* '학교의 장과 교원의 훈육' 중 '다. 분리, 일시 분리 지도 추진 절차'에서.(생활지도 고시 해설서 97쪽)

더러 교사의 자의적인 판단에 의해 실행되기 쉬운데, 이 과정에서 학습권을 보장받아야 하는 학생과 그렇지 않은 학생을 이분화하게 된다.

무엇보다 생활지도 고시의 내용이 징벌적 성격을 가지는 가장 큰 이유는 이 모든 것이 학생이 원하기에 요청하는 형태가 아니라, 교사의 판단과 평가로 강제되는 조치라는 점이다. 통상적으로 학생들이 수업 시간 중에 지치거나 감당할 수 없는 심리적 어려움을 경험할 때, 스스로 타임아웃을 선언하거나 요청하는 것은 용인되지 않는다. 분리는 다른 학생의 학습권을 침해한다는 교사의 결정과 판단에 의해서만 이루어질 수 있고, 이때 교사와 학생은 분명한 위계 관계 속에 위치하게 된다. 즉 심판자인 교사와 그 심판의 결과를 따라야 하는 학생의 권력관계가 고착화되는 것이다. 분리 조치가 학급에서 함께 살아가기 위해 어떻게 할지를 질문하고 논의하는 방식이 아닌, 학급에서 정상성에 벗어난 학생을 분리해 내는 방식으로 이루어진다는 점에서 분리는 위험하다. 이윤승은 학생을 문제 집단으로 상정하고 훈계의 대상으로 한정하는 것이 학생인권조례를 통해 '학생도 인간'이라는 것을 입증받으려 했던 시도를 부정하는 것이라고 평가한 바 있다.*

더 촘촘해진
학생이라는 정상성

1학기에 이런 일이 있었다. 내가 교과 수업을 들어가는 한 교실에서는, 교사가 수업 태도를 10점 만점으로 평가하고 그 평가 결과에 따라서 학급이 운영되고 있었다. 개별 학생에 대한 평가가 곧바로 학급 전체에 대한 평가가 되는 상황에서, 한 학생이 다른 학생의 소위 '문제행동'에 스트레스를 받은 나머지 교실 밖으로 뛰쳐나갔다. 사실 문제행동이라고 여겨지는 행동은 수업 시간에 진행한 놀이에 학생이 흥분하여 몸을 움직인 게 전부였다. 그런데 그 모습을 본 다른 학생이 그 행동이 수업과 분위기, 그리고 장차 평가

---

* 이윤승(2023), 〈참교육 전교조의 운동성은 어디를 향하는가〉, 《오늘의 교육》, 75 (2023년 7·8월).

에도 영향을 미칠 것이라는 생각이 들어 참지 못하고 수업에서 이탈한 것이었다. 각 학생과 이야기를 나누고 헤어진 후 나는 분리 조치, 학생 상벌점제 등이 촘촘하게 맞물려 있다는 생각을 지울 수 없었다. 그렇다면 분리 조치는 어떻게 학생들의 학교에서의 삶을 어렵게 할까? 그리고 과연 분리 조치는 교사의 노동권 보장을 위한 도구가 될 수 있을까?

분리 조치가 가진 대표적 문제로 이런 것들이 있다. 먼저, 학교에서 학생은 자신이 원하는 분리를 요청하기 어렵다. 예컨대 수업 시간에 스트레스를 받거나 혼자만의 시간이 필요하거나 잠시 갈등 상황에서 분리가 필요할 때, 학생이 주도적으로 분리를 요구하기는 불가능에 가깝다. 오히려 앞의 예시에서처럼 학생이 갑자기 수업 시간에 바깥으로 나가는 것은 일탈 혹은 저항의 언어로 읽힌다. 분리는 교사의 지시를 통해서만 가능하며, 학생은 분리된 이후에도 적절한 심리적 지원을 받기 어렵다. 초등학생들이 교실에 머물기 어려울 때, 자신에게 다른 공간이 필요할 때 보건실에 가는 것 또한 정당한 이유로 교실에서 떨어져 있을 방법을 찾은 결과일 것이다. 이를테면 생활지도 고시에서는 학생을 분리할 때 최소한의 학습권을 보장하는 방법으로 교과서 요약 등 과제 부여를 방법으로 제시한다. 그러나 학생을 분리시킨 뒤에 과연 학습을 이어 나갈 환경이 조성될 수 있을까? 교실에서 적응하지 못했던 학생이 자신의 마음을 돌볼 수 있고, 배제되지 않고 학습할 수 있는 공간과 환경이 현재 학교에는 마련되어 있지 않다. 이러한 상황에서 다른 공간으로 이동하게 하는 것은 쫓겨났다는 낙인으로만 작동할 위험이 크다.

두 번째로, 분리 조치의 시행은 상호 감시가 일상적인 억압적인 공간을 만든다. 교과 전담 교사로 들어가는 어떤 학급에서는 학생이 조금이라도 수업을 방해한다고 여겨지는 행동(의자를 앞뒤로 밀어 왔다 갔다 하거나 다른 이야기를 하는)을 할 때, 다른 학생들이 해당 학생을 분리할 것을 먼저 요구한다. 일상적인 분리 조치의 시행은 함께 공간을 구성하는 이들을 존중하고 서로 다름을 이해하는 방식을 익히게 하기보다는, 학생들이 정상성을 기준으로 계속해서 서로를 평가하게 한다.

앞서 학생이 수업에서 이탈했던 사건에서도 소위 수업을 방해한다고 여겨지는 학생이 분리되거나 자신이 생각한 방식으로 제지되지 않자 이에 대한 고통을 호소하며 다른 공간으로 이동한 것으로 이해할 수 있다.

세 번째로, 수업 방해라는 '정당한' 요건이 있어야 분리할 수 있다는 생활지도 고시의 내용은 교사로 하여금 방해를 규정하는 요건을 세분화하게 한다. 왜냐하면, '방해'는 그 상황을 받아들이는 사람에 따라 다르게 해석될 수 있으며, 구성원들의 합의에 따라 계속 변화할 수 있기 때문이다. 요컨대 교과 수업을 진행하는 나는 지금 상황이 신날 수밖에 없다고 생각하여 학생의 행동을 용인했으나, 그 학급 구성원들에게는 그런 행동이 이미 방해 행동으로 정의되고 금기시되어 왔을 수 있다. 방해라고 정의된 행동에 대해 학생들은 교사의 벌이나 평가를 예상하게 되고, 그 벌이 이루어지지 않을 때 오히려 정당하지 않다는 감각을 느끼게 된다. 즉 훈계라는 이름의 징벌적 조치들은 촘촘하게 상호 감시와 평가를 정당화할 수밖에 없게 만들고, '방해 학생 대 학습권을 보장받아야 하는 다른 학생들'이라는 구도를 만들어 낸다. 또한, 이때 교사는 관리자이자 통제자의 위치에 서게 된다.

  그러나 방해를 규정하는 요건을 세분화하면 세분화할수록 그 범위와 의미가 명확하지 않다는 것을 느끼게 된다. 무엇보다 이런 접근은 자의적인 판단 속에 계속해서 '혐오스러운 타자'를 만들어 낸다. 학교에서 학생들이 수업을 방해하는 학생을 지칭할 때 사용하는 '금쪽이'라는 표현은 해당 학생을 '우리'라는 공동체에서 밀어낸다. 동시에 흥미로운 점은 '금쪽이'가 아닌 '우리'의 학습권을 보장받기 위해 관리자로서의 교사가 '금쪽이'를 제지하거나 분리할 것이 요청된다는 사실이다. 사라 아메드는 《감정의 문화정치》에서 타자를 혐오스러운 존재로 이해하는 감정적 해석 방식이 주체의 권리를 위협받는다고 재현되는 일과 연동되며, 결국 그 해석이 상상된 주체가 결속하는 결과를 가져온다고 설명한 바 있다.[*] 마찬가지로 '교권 침해'와 '교실 붕괴'가

---

[*] 사라 아메드, 시우 옮김(2023), 《감정의 문화정치 - 감정은 세계를 바꿀 수 있을까》, 오월의봄.

수업을 방해하는 학생들 때문이라고 설명하는 방식은, 사회가 정한 정상성에서 미끄러진 이들을 타자화하게 한다. 이처럼 분리는, '성실하게 수업에 참여하는 모범적인 학생'이라는 정상성의 틀을 짓고, 이에 벗어나면 '문제 학생'으로 더 쉽게 낙인하고 억압할 수 있는 도구가 된다.

보호받아야 하는 '우리'의 권리란

분리를 찬성하는 측은 학생의 수업 활동 방해가 다른 학생의 학습권을 침해하기에 이에 따라 배제, 분리, 징계가 필요하다고 한다. 또 수업 활동을 방해하는 것이 교사의 교육권을 침해한다고 한다. 그런데 이때 '학습권'과 '교육권'은 무엇이며 누구의 권리인가?

교사에게 '교육권', 학생에게는 '학습권'이 있다는 생각이 만연해 있지만, 교육권은 교육받을 권리로 헌법 및 국제인권법 등에 규정되어 있는, 본질적으로 배우는 측의 권리이다.* 여기에서 교사의 역할은 학생의 교육권을 실현하기 위한 교육활동을 하는 것이다. 따라서 교사의 인권과 직권職權은 자신의 신념, 노동인권, 자기 정체성을 보장받으면서 학생의 교육권을 위해 교육노동을 수행할 권리에 있다고 볼 수 있다.** 그럼에도 교사에게 교육권, 학생에게 학습권이 있다는 설명 방식은 교사가 교육의 주도권을 가지고 있다는, 오래되고 강고한 사회의 편견을 강화한다. 그러나 이러한 명명은 교권과 학생인권의 이분법적인 구도를 계속해서 재생산하며, 교육의 주체는 학생이라는 사실을 지운다.***

마찬가지로 생활지도 고시에서도 반복적으로 등장하는 '학습권' 또한 협소한 의미로 규정되어 있다. 특히 이 학습권은 수업을 방해하는 학생을 분리함으로써 보장받을 수 있는 권리, 면학 분위기 보장이라는 협소하고 왜곡된 의미로 사용된다. 이러한 방식의 해석은

---

* 공현(2021), "[청소년 인권을 말하다] 교사는 '교육권', 학생은 '학습권'? 교육권의 진짜 주인은 누구인가", 〈프레시안〉, 2021년 4월 5일.
** 배경내(2024), 〈인권과 교육의 문법 다시 쓰기〉, 《오늘의 교육》, 79.
*** 공현(2023), "[들을 짓는 사람+들] 정말로 학생이 교육의 주체라고 생각하고 있나", 인권교육센터 들.

첫째, 수업을 방해했다고 여겨지는 학생도 학습하는 당사자이며 교육권과 학습권을 보장받아야 한다는 사실을 은폐한다. 두 번째로, 인권으로서 교육권이 지닌 포괄적이고 유연한 권리를 축소한다. 교육권이 학생들이 교육 전반을 함께 만들어 가고 참여할 수 있는 권리가 아닌 경직된 학교 공간을 유지해야 하는 의무로 왜곡되어 해석되는 것이다. 무엇보다도 함께 공간을 구성하고 있는 누군가의 권리가 침해되고 있음에도, 이를 다른 학생들의 '학습권 보장'과 교사의 '교육권 보장'으로 합리화하는 방식은 민주적인 교육 공간과 거리가 멀다.

교사의 교육권과 학생의 학습권이 보장되어야 한다는 구도는 앞에서도 언급했듯 소위 모범적이고 교사의 지시에 순응하는 학생과 그렇지 않은 학생을 이분법적으로 구분한다. 또, 교사와 학생을 대립항으로 인식하는 교권 대 학생인권의 구도를 강화한다. 그러나 익히 알고 있듯 차별적인 사회 안에서 교사도, 소위 '모범'적인 학생도 차별에서 벗어날 수 없으며, 이렇게 구성원들을 이분법적으로 나누는 것은 오히려 혐오의 고리를 강화한다. '모범'을 규정하기 위해 끊임없이 정상성이 강화되고, 교사도 젠더, 나이, 경력 등의 권력관계에 의해 평가받고 계속해서 그 권력관계를 유지하기 위해 노력해야 하기 때문이다. 즉 차별의 순환은 비민주적인, 위계적인 학교 문화를 만들어 내며 서로에게 안전할 수 없는 학교 공간을 끊임없이 재생산한다.

이를 고려했을 때, 지난 2023년 교사의 죽음 이후 이를 애도하는 움직임이 생활지도 고시의 시행과 학생인권조례 폐지로 이어진 것이 그다지 놀랍지는 않다. 교사의 죽음을 추모하는 목소리들이 소위 악성 민원을 제기하는 학부모와 문제행동을 일으키는 학생을 계속해서 호명하면서, 교사의 어려움이 '몇몇 나쁜 학부모와 학생 때문'임을 공고히 했기 때문이다. 그러니까 '방해하지 않는 선량한 학생과 교사 대 나쁜 학부모와 학생'이라는 대립항 속에서 후자에 의해 권리가 침해된다는 구도가 성립된 것이다. 교권이 붕괴되고 침해되어 교사의 노동이 어려워졌다는 시위에서 나온 구호나 목소리들에서는, 노동자로서 교사의 노동이 존중받지 못하는 학교의 환경, 업무 구조, 노동권 보장에서의 취약성 등의 문제는 계속해서 지워졌다. 그 결과 2023년 서울 강남에 위치한 학교에서 일어난 교사의 죽음과 연관된, 신규 교사에게 부과된 업무의 과중함, 지지받을 수 없었던 학내 의사소통 구조, 위계화된 관계의 문제들은 다루어지지 못한 채, 오직 '방해하는 학생과 그 부모들'을 악마화하는 방식으로 논의가 나아갔다.

이러한 지적이 교사가 양육자 혹은 학생과의 관계에서 어려움을 겪지 않는다는 의미는 아님을 짚는다. 다만 교사가 안전하게 노동할 수 있는 환경을 요구하는 것과 교사의 자의적인 판단에 의해 학생을 분리해 내는 조치를 요구하는 것은 분명히 다르다는 점을 짚고 싶다. 교사가 안전하게 노동할 수 있는 환경은 학생에게도 안전하게 생활할 수 있는 환경이다. 교사가 심리적인 지원이 필요하거나 수업에서부터의 분리가 필요할 때 주변의 도움을 요청할 수 있는 환경이, 학생들에게도 자신의 필요와 요구에 의해 심리적인 지원을 받을 수 있는 포용적인 환경이 될 수 있기 때문이다.

각자도생과
인권 침해 공간으로서 학교

생활지도 고시에서 교사는 학업 및 진로, 보건 및 안전, 인성 및 대인관계, 기타 분야에서 생활지도를 할 수 있으며, 그 지도 방법으로 조언, 상담, 주의, 훈육, 훈계, 보상을 할 수 있는 사람이다. 해당 고시에서 등장하는 교사의 생활지도 범위는 광범위하다. 이를테면 교원은 건전한 용모를 지도해야 하며, 학생의 모범적인 행동과 바른 인성 함양에 대한 동기 부여를 위해 적절한 방법으로 보상할 수 있다. 또 교원은 학생이 교육활동을 방해할 때, 학칙에 따라 해당 학생을 분리할 수 있다. 교사에게 권한을 부여하는 것처럼 되어 있는 생활지도 고시는 실상 학생의 세세한 복장, 식사 습관을 통제하는 일, 분리, 압수와 같은 물리적 제지까지 사용해 가며 통제할 책임을 교사에게 떠넘기는 것이나 다름없다. 이러한 미시적인 통제 방식은 학생에게도, 교사에게도 위험하다.

생활지도 고시 해설서 또한 교사에게 권한을 부여하는 것처럼 보이지만, 사실상 이후에 생길 아동학대나 안전 책임은 교사 개인이 부담해야 함을 적시하고 있다. 특히 학생에 대한 인권 침해가 발생할 수 있는 사안에 대하여 해설서는 학대로 인정되거나 인정되지 않았던 관련 판례를 덧붙여 놓았다. 예컨대 해설서에는 피해 아동이 장난을 친다는 이유로 기온이 33.8℃에 이르는 날 학생을 복도로 분리한 후 1시간 반 동안 아무 조처를 하지 않은 것을 방임으로 보고 신체적 학대, 정서적 학대로 유죄 선고했던 판례(대구지방법원 2018고단1137)를 첨부한다. 이는 학생을 분리하되, 지나치지 않은 조처를 하는 것은 교원의 몫임을 시사한다. 그런데 생각해 보자. "필요 이상의 지나친 분리"의 기준은 무엇인가?

그뿐만 아니라 학생을 수업으로부터 분리할 때 교사는 그 교육적 목적을 증명해야 하며, 분리 과정에서 학습권이나 안전할 권리를 침해하지 않았음을 보이기 위해 분리 학생의 학습 장소를 기록·관리하고, 학교장에게 분리 사실 및 학습 현황을 보고해야 한다. 생활지도 고시에서는 사전 및 사후 조치로서 '분리 조치 학칙 규정'의 제·개정, 학생 분리 지도 공간 안전 확인, 사전 안내 후 분리, 별도 공간 구성 등을 요령으로 제시하고 있다. 교사는 학생을 분리 지도할 때 대장을 작성 및 관리해야 하는데, 생활지도 고시에서는 이에 대해 업무 분장에 따라 안전사고 관리 책임 주체가 달라질 수 있으며, 문서의 실무 관리 주체는 학교에서 정한 업무 분장 및 위임 규정에 따라 달라질 수 있음을 명시하고 있다. 이런 지침은 결국 교원 개인에게 안전 관리, 학습권 보장, 분리 지도 대장 작성 및 관리 등의 책임을 지운다.

학생 분리에 대한 권한이 주어졌다고 해도 현재 학교는 교사가 주변에 도움을 청할 수 있는 구조가 아니며, 이런 조건에서 분리 조치는 학생을 회복과 지원으로부터 배제하기 쉽다. 즉 학급에서 발생하는 어려움에 대한 학교 내에서의 협력적인 지원이 가능한 시스템을 만드는 것이 아닌, 개인에게 생활지도권을 부여한 후 그 책임을 혼자서 감당하게 하는 방식은 교원을 고립시킨다. 한마디로 각자도생으로 살아남아야 하는 학교 구조를 공고히 하는 것이다.

무엇보다 교육적 조치와 벌이 구분될 수 없는 학교

공간에서, 교사의 통제는 학생에 대한 인권 침해로 이어진다. 왜냐하면 학급 안에서 일어나는 교육활동에 대한 방해는 교사 개인의 판단에 따라 자의적으로 판가름 나며, 통제를 목적으로 한 조치는 학대적인 성격과 완전히 떨어질 수 없기 때문이다. 통제를 규범화하는 생활지도 고시와 같은 정책은 학교와 교육을 둘러싼 교육 여건, 환경, 교육과정의 문제를 은폐하고, 교사와 학생 사이의 개인적인 관계의 문제에 집중하게 한다. 이러한 방식의 해결은 교사의 권리 보호로도, 더 나은 학교로의 변화로도 이어질 수 없다.

우리에게 분리가 아니라 무엇이 필요한가?

2023년에 나는 6학년 학급 담임을 맡았다. 그 학급에는 특수교육대상 학생이 있었다. 해당 학생은 자폐스펙트럼장애로, 국어와 사회를 제외한 나머지 과목을 통합학급에서 생활했다. 1학기가 지나고 2학기가 지나자 해당 어린이에게 여러 가지 변화가 왔다. 작은 소리나 자극에도 감각이 예민해져서 급식을 먹지 못하거나, 의자에 몸이 닿는 느낌이 힘들어서 작은 촉각적 자극에도 깜짝깜짝 놀라는 일이 갑작스럽게 생겼다. 일상에서 많은 소음과 자극이 가득한 학교의 공간에서 이런 변화가 목격되면서 나 또한 어떻게 해야 할지 갈피를 잡기 어려웠다. 학생이 받는 스트레스를 줄이기 위해 학생을 이동시켜 특수학급에서 조금이라도 쉬게 하는 것이 나을지, 잠시라도 텃밭에서 공간 전환을 하는 것이 좋을지, 어떻게 하면 학급에서 학생이 편안하게 생활할 공간을 만들 수 있을지 고민하는 일상을 보냈다. 어떤 날에는 학생을 보조할 수 있는 교사가 동행하여 잠시라도 쉴 수 있는 공간이나 시간을 마련하기도 했고, 어떤 날에는 교실에서 인형과 함께 쉴 수 있게 했고, 어떤 날에는 양육자의 요청으로 집에 일찍 가기도 했다. 매일 특수학급 교사, 양육자와 통화하고 상담하고 상의하면서 어린이의 변화에 학교가 어떤 방식으로 보조하고 협력할 수 있는지를 고민하는 것이 얼마나 복잡하고 어려운 일인지에 대해 생각했다. 다행히 어린이와의 소통, 어린이를 둘러싼 관계들에서의 조정이 아주 어렵지 않았지만, 동시에 한 학생을 지원하기 위해서는 공간, 시간, 관계에서의 다양한 지지망이 필요함을 느꼈다.

이 학생이 특수학급이나 텃밭으로 가는 일, 집으로 돌아가는 일을 지금의 생활지도 고시에서 말하는 '분리'로 치환할 수 있을까? 나는 아니라고 생각한다. 분리를 찬성하는 견해대로 '쿨다운'이 필요하다면, 잠시 학생이 수업 시간이나 갈등 상황에서 벗어날 수 있는 시간이 필요하다면, 그 방법과 맥락은 더 복잡하게 고려되어야 한다. 해당 학생에게 필요한 자원(예컨대 심리적 지원, 쉬고 싶은 공간, 쉴 수 있는 시간 등)이 보장될 수 있는지, 그에 따라 학교가 어떤 방식으로 협력할 수 있는지, 학생이 스스로 분리의 방법을 제안할 수 있는지를 우리는 과연 묻고 있는가? 지금 생활지도 고시의 시행과 함께 적극적으로 논의되는 분리는 '정상'에 벗어난 학생을 통제하고 수업과 학교의 일상으로부터 배제하고자 하는 수단에 불과하다.

6학년 담임을 했을 때처럼 협력이 잘 이루어졌던 경험도 있지만, 교사로서 실패와 무기력의 경험이 더 많았던 것은 사실이다. 그러나 우리가 질문해야 할 것은 왜 다양한 요구를 가지고, 지원이 필요한 학생들이 지지받기 어려운 상황에 있으며, 교사가 홀로 그 상황을 헤쳐나갈 수밖에 없는지에 대한 것이다. 이를테면, 첫 담임을 하던 해에는 학급에 분노 조절이 어렵고 ADHD를 진단받은 학생이 있었다. 그해 그 학생과의 관계에서의 어려움은 내게 매일의 무력감이 되었다. 해당 학생이 분노를 조절하기 어려워 수업 진행이 어려울 때, 그 결과와 여파로 다른 학생들이 힘들어할 때, 나는 어찌할 바를 몰랐다. 나도 그 상황에서 어떤 방식으로 학생을 지원할 수 있을지, 어떻게 그 학생과 다른 학생들의 관계를 재건할 수 있는지를 몰랐기 때문이다. 무엇보다 그 관계에서 끝없이 헤매고 실패할 때, 나의 쿨다운을, 나의 분리를 요청할 공간과 시간이 없었다.

학생과 함께 상담실을 가 보기도, 양육자와 상담을 진행하기도, 써클을 진행하기도 했지만, 그 모든 것은 정답이 될 수 없었다. 계속해서 실패하는 관계와 학급에서 나 또한 고립감을 느꼈다. 하루가 끝나기를, 한 주가 끝나기를 매일매일 바라며 절망 속에서 살았다. 나는 2023년 여름, 한 교사의 죽음 이후의 추모와 애도의 물결이 교사들이 일상적으로 경험해 온 무기력과 절망에서 기인했다고 생각한다. 실패하는 관계에서도 지원받기 어렵고, 자신의 마음을 돌보기 어렵고, 해결되기 어려운 끝없는 길에 서 있다고 생각할 때, 교사로서의 노동은 무력한 경험으로 전락해 버린다. 그러나 그 노동이 안전하게 보장되는 환경은 학생들이 잘 지원받을 수 있는 환경과 멀리 떨어져 있지 않다. 통제가 아니라 학생들의 요구에 따라 적절한 공간, 시간과 방법을 제공받는 것이 교사에게도 잠시 갈등 상황에서 벗어날 공간과 시간이 될 것이기 때문이다. 학생들이 스스로 지원을 요청할 수 있는 공간에서 교사 또한 쿨다운을 위한 지원을 받을 수 있을 것이라고 생각한다.

힘들었던 그 시기에 어떤 조치가 있었다면 학생이, 내가, 그리고 학급이 다를 수 있었을까 생각해 본다. 해당 학생이 적절한 심리적 지원을 요구할 수 있었다면, 학급에서의 시간이 숨 막힐 때 내가 잠시라도 공간에서 떨어져 있는 시간을 보장받을 수 있었다면, 학생들이 잠시 수업을 중단하고 서로의 마음을 돌볼 수 있는 시간이 더 있었더라면 어땠을까? 그 학생을 강제로 수업에서 분리해 버리고, 해당 학생이 없는 채로 아무렇지도 않게 수업으로 되돌아가는 것이 아니라, 이 학급이라는 공간과 시간을 함께 구성하는 존재로서 서로의 권리가 더 존중될 수 있는 방법은 없었을까?

분리는 학생, 교사 모두에게 대안이 될 수 없다. 누군가를 배제하는 분리의 방식이 아니라 서로를 지원할 방안을 협의하고 합의할 수 있는 논의의 장이 필요하다. 물론, 이 논의의 장은 단순히 학생을 분리시키는 것보다는 훨씬 복잡한 맥락에서 이루어질 것이다. 그러나 우리의 학교에서의 일상은 복잡다단하며, 어떠한 기준으로 누군가를 강제로 내쫓고 이동시키는 방식은 그 맥락의 구체성을 납작하게 만든다. 구체적인 교실의 맥락 안에서 서로를 지원할 방법을 고민하고, 그 기준을 통제가 아니라 권리에 두는 것이 가장 우선의 과제다.

장애 학생에게
생활지도 고시란

조경미

2023년 7월, 한 초등학교 교사의 순직 사건으로 한국 교육계가 뜨거웠다. 그 직후, 어느 초등학교에서 장애 학생에 의한 이른바 교권 침해 사건이 발생하면서 특수 교사가 교육활동 중 장애 학생에게 상해를 입는 등의 어려움도 이슈화되었다. 경기도의 한 초등학교에서도 부모가 특수 교사를 아동학대 혐의로 고소하는 사건이 있었다. 언론은 주로 교사들이 학생의 양육자의 민원·고소·고발 등으로 고통받는다는 점에 주목하였다.

그 이후 학교 현장에서 과연 무엇이 달라졌을까? 교사 혼자 교실을 책임져야 하는 '독박 교실'은 여전하다. 교육 현장의 개혁을 요구하는 목소리가 높았지만, 교사와 학생·양육자 간의 갈등만 부각되었으며 근본적인 교육 환경의 변화나 실질적 지원의 강화 등은 이루어지지 않았다. 교육부가 대책으로 발표한 「교원의 학생생활지도에 관한 고시」는 여러 한계와 문제점을 담고 있다. 장애 학생의 입장에서 생활지도 고시의 내용을 보면 현실성이 없어 보이고 우려되는 점도 많다. 예를 들어 제15조에서 "특수교육대상자의 특성을 고려한 생활지도가 이루어질 수 있도록" 해야 한다고 규정하고 있지만, 과연 가능할 것인가? 실제 학교 현장에서는 특수교육대상자의 특성을 고려한 수업조차 이뤄지지 못하는 상황에서 학생의 특성에 맞는 생활지도가 어떻게 가능할 것인가. 생활지도에 불응한 학생에 대한 제재 조치로 분리, 가정학습, 물리적 제지 등이 가능하다고 언급되어 있어서 장애 학생에 대한 분리 조치가 더 적극적으로 이뤄지진 않을지도 걱정스러웠다.

또한 생활지도 고시는, 학교의 장 및 교원이 이 고시

에 근거하여 생활지도를 하였음에도 학생이 불응하여 의도적으로 교육활동을 방해하는 경우에는 '교육활동 침해 행위'에 해당되어 학생 및 피해 교원에 대해 조치를 취할 수 있다고 말한다. 이 부분을 보고 그간 장애 학생들이 교권보호위원회에서 겪은 여러 불편한 장면이 떠올랐다. 방해가 의도적인지 아닌지, '교육활동 침해 행위'인지 여부를 누가 판단하는 것일까? 주관적으로 해석되기 쉬운 '의도적'이란 말이 장애 학생에게는 유독 날카롭게 다가온다.

장애 학생의 권리가 보장되지 않는 교권보호위원회

생활지도 고시가 시행되기 이전부터, 장애인권단체에서는 일반 학교에 재학 중인 장애 학생이 학교폭력위원회·교권보호위원회에 회부되는 사건에 대해 상담 및 대응을 꾸준히 해 왔다. 장애 학생을 학교에 보내는 양육자들은 학교폭력위원회에 자녀가 피해자로든 가해자로든 회부되는 일을 종종 겪는다. 그러다

최근 몇 년 사이에는 교권보호위원회에 장애 학생이 가해자로 회부되는 사례를 많이 접하게 되었고, '우리도 그러진 않을까?' 하는 걱정과 불안에 휩싸였다. 장애 학생들은 자신의 생각과 구체적인 상황을 잘 표현하지 못해, 양육자 입장에서는 학교에서 어떤 상황에서 그런 행동이 나왔는지 정확하게 알 수 없기에 되도록 사건 자체에 휘말리지 않기를 바랄 뿐이다.

학교폭력위원회에 장애 학생이 피해자로 회부되는 경우, 법에 명시된 장애 관련 전문가가 학교폭력위원회에 참여하는 것조차 제대로 지켜지지 않고, 참석을 요구해도 불허되기도 한다. 피해 학생과 가해 학생의 분리 조치가 이뤄지지 않기도 하며, 처벌 수위가 낮아서 양육자들이 학교 및 교육청의 처리 과정을 불신하게 된다.*

장애 학생이 교권보호위원회에 회부된 사건 기록들을 보면, "때렸다", "욕했다"와 같이 장애를 가진 학생이

---

* "'학교폭력 발생 시 장애학생 보호 대책 마련' 인천교육감 면담 요청", 〈에이블뉴스〉, 2024년 6월 11일.

어떤 행동을 했는지에만 집중하는 것을 발견할 수 있었다. 어떤 상황에서, '왜' 그런 행동이 나왔는지 원인을 파악하는 과정은 존재하지 않았다. 그 행동이 다시 발생하지 않도록 학교 현장에서 어떤 지원을 해야 하는지에 대한 고민 역시 찾을 수 없었다. 교권보호위원회에서 학생은 교원의 교권을 침해하고 피해를 끼친 가해자로만 간주되기 때문이다. 무엇보다 교권보호위원회 심의 과정에서 장애 학생의 진술을 조력할 수 있게 하거나, 장애 관련 전문가 등이 위원으로 참여하는 규정이 아예 존재하지 않았다. 그렇다면 어떻게 교권보호위원회에서 절차적으로 장애 학생의 권리를 보장할 수 있을까.

장애를 가진 학생의 행동으로 인해 피해가 발생하면 학생이 그에 따른 처벌을 받을 수도 있다. 하지만 사건을 파악하고 조치를 결정할 때는 학생의 장애 특성과 교육 환경 등을 살피고 원인이 된 행동의 배경이나 영향도 고려되어야 한다. 그래서 장애인권단체들은 교권보호위원회의 심의 절차상 한계를 지적하며 장애 학생의 의사소통 조력, 방어권 행사를 보장하기 위한 전문가 참석 등의 필요성을 이야기했다. 교권보호위원회가 내리는 징계 조치가 장애를 가진 학생에게 선도적 효과를 가져올 수 있을 것인지도 물었다.

현재 학교 시스템에서는 교사가 입은 피해에 대해 회복을 지원하기 위해서는 교권보호위원회에 신고할 수밖에 없다는 것도 참 답답한 부분이었다. 장애 학생의 어려운 행동에 대한 대처와 교사의 피해를 지원하는 방법, 두 가지를 구분하는 것이 필요해 보였다. 이처럼 생활지도 고시 시행 이전부터 교권보호위원회는 장애 학생에게는 불편한 경험이자 한계가 뚜렷한 기구였다.

생활지도 고시 이전, 장애 학생들의 교육권은 보장됐나

2023년 8월 17일, 교육부가 처음 발표한 생활지도 고시안에는 특수교육대상자에 대한 보호 장구 착용 등의 문구가 포함되어 있었다. 인권단체들과 국가인권위원회가 신체를 강제로 제약하는 것은 신체의 자유 침해 및 아동학대에 해당된다고 비판해 최종 시행된 생활지도 고시에서는 그 문구가 삭제되었다. 이후 교육부 장관은 후속 조치로 〈교권 회복 및 보호 강화 종합 방안〉을 발표하면서, 소지품 분리, 훈육 시 교실 밖 분리 방법, 담임 교사의 학급 생활 규정 제정 등 안내 사항을 담아 생활지도 고시 해설서를 배포했다. 특수교육대상자에 관해서는 문제행동에 대한 대응이 정당한 교육활동으로 보장받을 수 있도록 행동 중재 가이드라인도 마련하여 보급하겠다고 발표했다.

먼저 생활지도 고시 이전에 우리 앞에 놓여 있던 교육 환경과 조건부터 살펴보자. 전체 109,703명의 장애 학생 중 73%가 일반 학교에 다니고 있다. 일반 학교에서도 특수학급 56%, 일반 학급 16%으로 구분되어 배치되는데, 특수학급에 있는 학생들은 하루에 2~3시간 이상을 특수학급에 갔다가 일반 학급으로 돌아오는 형태로 재학 중이다(지역별, 학교별 상황에 따라 전일제 특수학급에 있는 학생도 있고, 완전 통합 학생도 있다). 학교 현장에서 일반 학급에 있는 장애 학생이 수업에 집중하지 못하고 소리를 내거나 돌아다니면 담임 교사 혹은 교과 교사는 무엇을 할 수 있을까? 학생이 잠이라도 자면서 조용히 있는 게 그나마 도움이 될 텐데, 다른 학생들에게까지 '방해'가 되는 상황이라면 교사는 어떤 조치를 취할 수 있을까? 아마도 교사가 취할 수 있는 방법은 특수 교사에게 연락해서 특수학급에 데려가 달라고 요청하는 것일 것이다. 혹은 학기 초부터 특수학급에 있는 시간을 최대한 늘리는 방법도 있다. 이럴 수밖에 없는 이유는 학교에 다른 지원 인력이 없고, 교사들도 일상적으로 이 학생의 특성을 파악하지 못하고 있으며, 어떻게 지원해야 할지 모르기 때문이다.

학교에서 학생들이 보내는 시간의 대부분은 수업 시간이다. 장애 학생의 건강하고 즐거운 학교생활을 위해서 수업 참여에 대해 고민하는 사람은 극소수뿐이다. 모든 학생은 다 다르다는 것을 전제로 소수의 학생이 아니라 모두가 수업에 참여할 수 있도록, 학생이 할 수 있는 것을 찾고 모두가 참여하는 교실을 만들기 위해 현장에서 노력하는 교사들이 있다. 하지만 이는 교사 개인의 노력이 아니라 제도와 시스템으로 뒷받침되어야 한다. 서울시교육청에서는 1명의 특수 교사를 더 배치하여 일반 학급에 있는 특수교육대상 학생의 통합교육을 지원하는 '더공감교실'을 실시하고 있다. 이런 정책으로 인한 효과를 전해 들을 때마다, 학교에 교사를 더 많이 배치하는 것부터 필요하다는 생각이 든다.

현재의 학교에서는, 장애 학생과 밀접한 특수 교사를 제외하면, 담임 교사와 교과 교사에게 학생의 개별 특성을 파악하고 모두가 참여할 수 있는 수업을 준비하는 역할을 해 달라고 요구하기가 어렵다. 이것이 통합교육이 이뤄지고 있는 학교 현장의 현실이다. 일반 학교에 73%의 장애 학생이 다니고 있지만, 실제로는 개별적 특성에 따른 수업을 받지 못하는 것이다. 통합학급에서 장애 학생들은 다른 학생의 수업에 방해되지 않도록 조용히 시간을 버티는 '투명인간'으로 존재하고 있다.

다시 묻고 싶다. 그동안 학교에서는 장애를 가진 학생들의 개별적 특성을 파악하고, 그에 맞는 지원을 하고 있었던가. 장애라는 특성을 가진 학생이 한 교실에서 활동할 때 어떤 과제를 주어야 참여하는지, 친구 관계는 어떠한지, 주로 무슨 활동을 좋아하고 싫어하는지, 어느 정도 학업 수행이 가능한지, 의사소통 방식이 어떠한지 학교에서는 얼마나 파악하고 있을까. 수업에 집중하지 못하고 이상한 소리를 내거나 다른 학생에게 방해되는 행동을 하는 문제행동이 심한 학생, 아무것도 안 해도 되는 학생이라고 구분해 놓고, 그 학생의 특성과 요구를 지우고 있지는 않았던가.

생활지도 고시 이후, 교육 현장은 변화 없이 학생들만 쫓겨난다

통합교육이란 특수교육대상자가 일반 학교에서 장애 유형 및 장애 정도에 따라 차별받지 않고 또래와 함께 개개인의 교육적 요구에 적합한 교육을 받는 것을 말한다. 그렇지만 실제 학교에서는 전혀 그렇게 이루어지지 않는다. 이런 상황에서 생활지도 고시와 행동 중재 가이드라인만 불쑥 시행되었다. 이것만으로 무엇을 변화시킬 수 있을까?

장애 학생에게 생활지도 고시란, 수업을 방해하는 '장애'를 가진 학생은 학교에서 함께할 수 없는 존재라고 규정짓는 것이다. 학교가 학생의 다양성을 보장하면서 함께하기 위해 고민하는 곳이라면, '장애'란 특성을 이해하고 이에 맞는 지원을 우선하는 방향으로 가야 한다. 하지만 장애를 가진 학생의 행동을 곧 수업 방해로 보고 피해 교원의 회복에만 애씀으로써, 장애 학생은 교실과 학교에서 더 자주, 쉽게 쫓겨나는 대상이 되고 있다.

생활지도 고시는 학생과 그 양육자로부터 고통받고 있는 교사의 권리를 회복시키기 위해 만들어졌다지만, 실제론 교사의 권리를 제대로 보장하지 못할 것이다. 왜냐하면 그 이후에도 여전히 학교 현장에 충분한 지원은 없고, 교사 한 명이 모든 것을 책임지는 구조에는 변함이 없기 때문이다.

생활지도 고시 제15조에는 다음과 같은 내용이 있다.

제15조(특수교육대상자의 생활지도)

① 학교의 장과 교원은 특수교육대상자의 특성을 고려한 생활지도가 이루어질 수 있도록 노력해야 한다.

② 학교의 장은 「초·중등교육법」 제59조에 따라 통합교육을

실시하는 경우 교직원을 대상으로 하는 장애이해 및 특수교육 관련 연수 실시, 통합학급의 학생 수 감축, 특수교육교원과 통합학급 담당 교원의 협력 등을 위하여 노력해야 한다.
③ 학교의 장은 심각한 문제행동을 보이는 특수교육대상자의 경우 「장애인 등에 대한 특수교육법」 제22조 제2항에 따른 개별화교육계획에 행동 중재 지원에 관한 사항을 포함해야 한다.

또한 해설서 4장에서는 특수교육대상자의 생활지도에 대해서 안내하고 있다. 특수교육대상자의 생활지도 예시로 생활지도에 필요한 사항을 쉬운 글, 그림이나 사진 등 시각적 단서로 제공, 원활한 의사소통을 위하여 점자, 확대 문자, 수어, 자막 등을 활용하고, 수업 참여를 목적으로 음성-자막 변환 사용이 필요한 경우 수업 시간 중 전자기기 활용을 허용한다는 내용이 포함되어 있다.

생활지도 고시의 이런 문장들은 그저 좋은 단어의 나열일 뿐이다. 기존 일반 학교는 특수교육대상자의 특성을 고려하여 교육이 이뤄지는 곳이 아니다. 일반 학급에서의 수업, 교내외 활동, 현장체험학습 등에서 특수교육대상자의 특성을 고려하지 못해 교육활동에 참여하지 못하고 배제되기 일쑤였다. 그런데 생활지도라고 특수교육대상자의 특성을 고려하여 이루어질 수 있을까?

또한 통합교육을 실시하는 교원을 대상으로 한 장애이해 관련 연수, 특수교육 교원과 통합학급 담당 교원의 협력을 위해 노력해야 한다는 내용은 이미 「장애인 등에 대한 특수교육법」에도 명시되어 있다. 연수 등을 학교에서 하긴 하지만, 학교별, 교사별 역량에 따라 천차만별로 운영되고 있다. 심각한 문제행동을 보이는 특수교육대상자의 경우 개별화교육 계획에 행동 중재 지원에 관한 사항을 포함해야 한다고 적혀 있지만, 현장에서는 개별화교육계획 수립조차 제대로 하기 어려운 조건이다. 관련 회의는 형식적으로 운영되기 때문에 실제 개최가 잘 이뤄지지도 않고, 전화 혹은 서면으로 대체되기도 한다. 중·고등학교에서는 교과 교사의 참여 등도 필요하나, 현실적으로 교과 교사의 회의 참여를 강제할 수는 없다. 현재 학교 구성원들은 개별화교육계획에 대한 필요성에 공감하고 함께할 준비가 되어 있지 않다. 별도 지원이나 준비 없이 생활지도 고시에 그런 내용이 포함된다고 해서 이미 제대로 운영되지 않고 있던 제도가 당장 잘 운영될 수는 없는 것이다.

생활지도 고시가 만들어졌다고 해서 특수교육대상자의 특성을 고려한 생활지도가 뚝딱 되지는 않을 것이다. 우리는 특수교육대상자가 교육적 특성에 맞는 교육이 이뤄지지 않은 채로 방치되어 온 지난 시간을 알고 있다. 현실적으로 교육 환경의 변화를 보증하는 지원은 없이 생활지도 고시를 통해 교사의 권한만 강화한다면, 학생들의 교육받을 권리만 침해할 뿐 아무것도 해결할 수 없다.

장애 학생의 존재 자체가 교육활동 침해의 요인인가

교육부가 생활지도 고시를 발표한 뒤, 장애 학생의 학습권 및 특수 교사의 교권을 보호하기 위해 장애 특성을 고려한 '행동 중재 가이드라인'이 마련되어야 한다는 현장의 요구가 있었다. 그래서 교육부는 특수교육대상자의 생활지도를 위하여 장애 특성을 고려할 때 필요한 사항, 교사와 학생의 안전을 위한 행동 중재 사례, 학교 및 시도교육청 차원의 지원 절차 등의 내용을 포함한 가칭 〈장애학생 행동 중재 안내서〉를 현장에 배포했다.

가이드라인 발표 자료에 따르면, 교육활동에 영향을 미치는 문제행동의 주요 유형은 수업 방해, 신체 상해, 기물 파손 순으로 나타났다. 특히 가장 많이 나타나는 수업 방해 행동은 욕설, 소리 지르기, 울기, 떼쓰기, 수업 중 자리 이탈 등인 것으로 파악되었다. 자료에서는 학생과 교사의 안전을 위협하는 위기 행동, 주기적·반복적 수업 방해 행동 등이 교사의 정당한 교육활동을 침해하는 상황이라고 표현하고 있다. 그리고 장애 학생의 문제행동 중재를 지원하기 위해, 학교 내 행동 중재 지원팀을 구성하여 운영하여야 하며, 체계적 중재가 필요한 학생을 위해 학교 차원의 행동 중재 지원 계획이 수립되어야 한다고 규정하고 있다.

그러나 실제 학교 현장에서 가이드라인이 어떻게 운영되고 있는지는 우려스럽다. 다음은 어느 학교에서 발생한 교권 침해 사안이다.

2024년 5월 사례

특수교육대상자인 학생이 평소 사이가 좋지 않은 친구와 싸움이 나서 말다툼을 하였고, 담임 교사가 말리는 상황에서 특수교육대상자가 욕을 했다. 그 욕을 들은 교사가 이 학생을 교육활동 침해로 신고하였다. 그 이후 이 학생은 담임 교사와 분리되어 특수학급에서 수업을 받았다.

교사 입장에서는 학생에게 욕을 들은 것 자체가 기분이 상할 수 있다. 학생은 자신의 행동에 대해 무엇을 잘못했는지를 인지하고, 상대방에게 사과해야 한다. 교사는 학생이 잘못을 이해하고 그 행동을 반성할 수 있도록 지도해야 한다. 학교에서 장애를 가졌다고 해서 모든 것을 다 수용해 줘야 한다는 것이 절대 아니다. 하지만 이 사건은 그런 고민이나 대응 없이, 곧바로 교권보호위원회에 회부되었다.

사이가 좋지 않아 다툼이 잦은 친구와 특수교육대상 학생에 대한 생활지도는 그 이전부터 어떻게 이루어져 왔는가? 담임 교사는 학생의 특성에 대해 얼마나 이해하고 있는가? 특수교육대상자의 특성을 고려한 생활지도가 이뤄졌는가? 학생의 분리 장소가 특수학급으로 지정된 이유는 어떻게 설명할 수 있는가?

질문거리가 가득한 이 사건과 같은 일들이 바로 현재 학교에서 벌어지고 있다. 생활지도 고시와 행동 중재 매뉴얼이 각 학교에 배포되었지만, 생활지도 역시 학교별, 교사별 역량에 따라 달라질 수 있다. 그러나 생활지도가 그동안 어떻게 이뤄졌는지, 적절했는지를 검토할 수조차 없이 학생은 곧장 교권보호위원회에 회부되었고 학급에서 분리되어 특수학급에서 수업을 받게 되었다. 이 또한 매뉴얼에서는 특수학급이 분리 장소로 사용되면 안 된다고 명시하고 있지만, 학교 현장은 별도의 공간에 별도의 인력을 두고 분리 조치를 하기 쉬운 여건이 아니다. 교원의 피해만큼 '교사에게 욕한 아이', '교실에서 분리 조치 된 학생'이란 낙인이 찍혀 또래 친구들에 놀림을 받아 학교생활 자체를 어려워하는 등 학생의 피해도 발생했으나, 학교에서는 이런 부분에 대한 고려가 전혀 보이지 않는다.

교사의 피해만 중요하다고 말하는 지금의 상황은 무엇을 해결할 수 있을까? 교육활동 침해 행위로 보기 전에 이 학생을 위해 학교에서는 어떤 지원을 했을까? 재발 방지를 위해서라도 이 학생이 화가 나는 상황에서 '욕을 하지 않을 수 있도록' 행동 중재 등의 지원이 필요함에도, 그런 지원은 없이 그저 분리당하고 있는 이 학생의 교육받을 권리는 어떻게 보장할 것인가?

'교사의 정당한 교육활동과 생활지도'를 보장한다는 것이, 학교에서의 결정 과정에 학생이나 양육자는 아무런 의견도 제시할 수 없고 저항할 수 있는 방어권도 없이, 교사가 무소불위의 권한을 가지겠다는 것은 아니어야 한다. 장애를 가진 학생이 겪는 교육 환경의 문제를 고려하지 않고 교사의 교육활동과 생활지도의 권한만을 강조한다면, 장애 학생의 통합교육은 점점 더 어려워질 것이다. 장애 학생의 참여를 위한 교육 현장의 변화와 지원 없이는 장애를 가진 학생의 존재 자체가 교사의 교육활동을 방해하는 요인으로 여겨질 것이다.

특수 교사의 교권 침해 관련 경험과 인식에 관한 연구를 보면, 학생의 공격 행동, 기물 파손 및 욕설, 수업 방해 및 수업 거부 등으로 인한 교권 침해와 함께 양육자에 의한 교권 침해도 다루어지고 있다.* 양육자가 교사의 설명을 불신하고 교사에게 항의할 때 교사들은 교권 침해를 느낀다는 내용을 보고 교사와 양육자 간의 원활한 의사소통이 되지 않고 있음을 느꼈다. '과도한', '무리한' 요구라는 판단의 기준은 무엇일까? 장애 학생이 현장체험학습, 수학여행에 참여하는 것이 무리한 요구일까? 수행평가 등에서 대안 평가를 요구하는 것이 과도한 요구일까? 일반 학급에서 개별 특성에 맞는 수업 자료를 제공해 달라고 하는 것이 무리한 요구일까? 학생 당사자와 양육자의 입장에서는 전혀 그렇지 않다. 하지만 교사의 입장에서는 과도한 요구라고 생각할 수 있다. 교사가 그 업무를 수행하는 주체일 수도 있고, 민원을 해결하는 담당이 될 수도 있기에 개인

---

* 홍정숙(2021), 〈특수학교에 근무하는 특수교사의 교권침해 관련 경험과 인식〉, 《특수교육》, 20(3).

에게는 부담이기 때문이다. 그러나 근본적인 교육 환경적 요인으로 인해 학교에는 '민원'과 '과도한 요구'가 끊이지 않게 된다.

2024년 7월, 한 국회의원이 「교원의 지위 향상 및 교육활동 보호를 위한 특별법」 일부 개정안을 발의했다. 해당 법률에는 교육활동 침해 행위 및 무고성 아동학대 신고로 피해를 입은 교원 관련 보호, 조사, 지원 업무를 수행하기 위하여 교육활동보호조사관을 배치하는 내용이 포함되어 있다. 마찬가지로 장애 학생의 권리가 부당하게 침해당하는 이 상황을 해결하기 위해서, 학생의 지위와 교육활동을 보장하기 위한 또 다른 교육활동보호조사관을 배치해 달라고 요구하고 싶다.

장애 학생이 자신의 기질적 특성으로 인해 타인에게 해가 되는 행동을 한다는 것 자체를 이유로 그 공간에서 분리시키는 것은, 그 학생의 기본적인 교육받을 권리를 침해하는 것이다. 결과적으로 학생이 장애로 인해 교육에 참여하지 못하고 배제당하는 차별 행위일 뿐이다. 분리 조치에 앞서 대상 학생에 대한 교육적 목적이 최우선으로 고려되어야 하며, 문제행동의 근본적인 해결을 위해 그에 관한 인적, 물적 지원이 우선되어야 한다. 그러지 않고 무조건 장애 학생 개인의 문제로 보는 것은, '장애'의 원인을 개인의 신체적, 정신적 손상과 결함에 있다고 보고 개인이 노력하여 치료해야 한다고 여기는 낡은 관점과 다름없다.

이슈가 되는 일련의 교권 침해 사안들은 대개 교육 현장에 지원 시스템이 부재해 발생한 사건·사고들이다. 작은 소란이 발생하는 교실이라는 공간에 교사 한 명만이 아니라 지원 인력, 협력 교사 등이 더 있었다면 어땠을까? 장애 학생의 특성을 이해하고 그에 맞는 지도법을 모든 교원이 알고 있다면 그런 갈등은 사전에 예방할 수 있지 않았을까? 그런 고민 없이 결과만을 놓고 장애 학생을 가해자로 몰아가는 지금의 교육 현장은 '생활지도', '교권'이란 이름으로 또다시 교사와 양육자 사이를 갈등으로 내몰고 있으며, 장애 학생의 교육받을 권리마저 빼앗고 있다. 교사에게 생활지도권을 부여하고 장애 학생을 아무리 교권보호위원회에 회부한다 한들 문제는 해결되지 않을 것이다. 생활지도나 분리 조치만으로는 장애 학생이 수업을 방해하는 것이나 교원이 상해를 입는 등의 피해를 예방하기 어렵기 때문이다.

모두를 위한 통합교육이 실현되는 학교를 만들자

과거 30년 전만 해도 장애 학생은 학교를 다닐 권리조차 보장받지 못했다. 장애를 가졌단 이유로 학교를 가지 않아도 되었으며, 학교가 준비되지 않았단 이유로 장애 학생의 교육받을 권리를 모른 체해 오기도 했다. 하지만 이제는 특수교육대상자도 초·중·고에서 의무교육을 보장받는 사회로 변했다. 장애 학생이 교육 현장에 함께 '존재'함으로써 우리 교육 현장에 시작된 수많은 '변화'와 고민을 지난 20년간 지켜보았다. 아마 "내 새끼도 행복하게 살았으면 좋겠다. 집 앞 학교를 보내 달라!"는 양육자들의 간절한 투쟁이 없었다면 학교도, 우리 사회도 장애 학생의 교육받을 권리에 대해 고민하지 않았을 것이다. 지금까지의 양적 성장을 바탕으로 우리는 통합교육이라는 질적 성장으로 나아가야 한다. 또한 통합교육은 우리 사회가 장애가 있는 사람과 어떻게 함께 살아가야 할지를 일상 속에서 고민하게 해 주는 중요한 밑거름이 될 것이다.

"그 친구는 시끄러운 소리를 들으면 참을 수가 없어서 소리를 지른대."

"그 친구가 소리를 지르면 우리 모두 다 같이 조용히 조금만 기다려 주면 다시 조용해져."

"우리가 저 친구가 말하는 걸 못 알아들어서 답답하고 화가 났나 봐. 친구가 흥분했을 때는 빠르게 ○○ 선생님을 부르고, 우리는 다치지 않게 벽에 붙어서 기다리고 있으면 돼."

이와 같이 학교 구성원들이 장애 학생의 특성에 대해 알고, 어떻게 함께 생활할 수 있는지 고민하는 공동체가 되어야 한다. 그래야 이후 지역 사회에서도 장애인이 분리되어 살지 않는 사회를 꿈꿀 수 있을 것이다. 학교라는 공간에서 어려운 행동을 하는 장애인은 분리되고 배제되어도 된다는 것을 배우기를 원치 않는다. 교육은 먼 미래를 내다보면서 세우는 큰 계획이란 뜻에서 '백년지대계'라고 한다. 이러한 교육에 대한 철학

이 부재한 생활지도 고시는 해답이 될 수 없다.

 일반 학교에서 자신이 알아듣기 어려운 수업에 참여해야 하며, 또래와 상호작용도 어려워 혼자 그 시간들을 견뎌 내고 있는 장애 학생들에게는 그런 학교의 상황이 학대이자 교육적 방임 그 자체이다. 그런 장애 학생에게는 생활지도 역시 또 다른 이름의 폭력이다. 교사를 보호하고 학생의 학습권을 보장하고자 한다면, 모든 학생을 위한 통합교육으로의 변화를 위해 지금보다 더 많은 교사와 행동 중재 전문가 등을 포함한 인력과 예산을 지원해야 한다. 장애 학생이 무기력하게 버텨야 하는 교육 환경을 바꿔야 한다. 비장애중심적인, 입시 교육 중심의 학교에서 아무것도 할 수 없이 있어야 하는 장애 학생이 학교 안에서 다양한 교육활동과 교육과정에 참여하게 하기 위해 무엇을 준비할지 고민해야 한다. 특수 교사뿐만이 아니라 학교 내 모든 교사가 모든 학생들이 수업에 참여할 수 있는 방법을 고려하여 개별적 특성에 맞게 지도할 수 있도록 변화해 나가야 한다. 장애 특성을 고려하여 수업을 진행하고 장애 학생이 또래 안에서 같이 참여하면서 존재감을 느끼게 되어야 수업 방해 행동은 없어질 것이다.

이것은 장애 학생만의 문제는 결코 아닐 것이다. 입시 위주의 경쟁을 강요하는 학교교육에서 교육에 방해된다고 치부되는 학생 모두의 문제이다. 괴롭고, 우울하고 자포자기한 모든 학생이 수업 방해 학생으로 낙인찍혀 교실 밖으로 분리된다면 학교와 교실에는 누가 남게 될까? 우리는 교사와 학생 모두가 행복한 교육을 만들어야 한다. 우리 사회의 교육에 대한 문제의식과 논의가, 구성원 간의 또 다른 갈등만 조장하는 생활지도 고시가 아니라, 모두를 위한 통합교육이 실현되는 공간으로 학교 교육 환경을 재구성해 나가는 기회가 되기를 바란다.

젠더·섹슈얼리티 사례로 보는, 다양성을 거부하게 하는 생활지도

새시비비

 다음의 사례들은 나의 경험과 연구 보고서 또는 학생인권 공동 사례집에서 접한 내용을 조합하여 만든 것이다. 이 사례들에 대해 직접 생활지도를 하는 상황을 가정하여, 생활지도 고시 이후 학교에서 어떤 방식으로 생활지도가 이뤄지게 되는지 파악해 보고 이 상황에서 맞닥뜨릴 문제점들을 젠더와 섹슈얼리티 관점에서 찾아보기로 한다.

사례 1

A와 B는 같은 중학교에 다니고 있고, 사귄 지 5개월 정도 되었다. 요즘 둘은 서로에 대한 감정이 연애의 감정이라고 진지하게 느끼고 있다. 종종 키스하고 싶은 마음이 크지만, 교복을 입고 데이트하다가 키스를 할 곳이 학교 말고는 딱히 없다. 계속 고민하다가 학교 내 인적이 드문 옥상으로 통하는 문 앞 계단에서 만나기로 했다. 그곳에서 이야기를 나누던 중 둘은 자연스럽게 키스했다. 평상시 그 둘의 관계를 불건전하다고 생각하고 있던 학생 C(반장이기도 하다)는, 둘이 으슥한 곳으로 가자 불건전한 행동을 한다고 생각하고 D와 E를 데리고 뒤를 밟았다. 이들은 둘이 키스할 것 같자, 다른 친구들에게 카카오톡 메시지를 보내 옥상으로 통하는 계단으로 오라고 했다. 결국 둘이 키스할 때 6명이 그 장면을 목격했고, 그중 E가 교무실에 가서 교사 ㄱ을 데려온다. 그사이 많은 학생들에게 소문이 나고, 교사와 함께 10여 명의 학생들이 더 와서 꽤 소란스러워진다. A와 B는 자신들의 진지한 관계에 아무 문제가 없다고 생각하고 다들 보는 앞에서 다시 한번 키스한다. 몰려든 학생들이 소리를 지르고 야단법석이 되자 ㄱ은 학생들을 해산시키고 A와 B를 교무실로 데

려가 생활지도 하려 한다. ㄱ은 어떻게 생활지도 할까?

사례 2

남자고등학교에 재학 중인 G는 학교 축제를 준비하는 중에 걸그룹 댄스 커버를 정말 잘하는 것으로 알려져서 친구들로부터 축제 장기 자랑에 나가라는 말을 많이 들었다. G는 친구들의 격려에 힘을 얻어 열심히 공연을 준비했고, 멋진 의상과 공연으로 실제 공연에서 많은 환호를 받았다. 하지만 일부 학생들이 "야, 어깨 옷 좀 더 내리고 춤 춰라"와 같은 언어적 성추행에 해당하는 말들을 하기도 했다. 축제 후 G의 공연에 대해 "G가 트랜스젠더다", "아니 게이다"와 같은 식의 말들이 꼬리에 꼬리를 물었다. 게다가 G가 평소 수업도 열심히 듣지 않고 쉬는 시간에 휴대전화를 보면서 춤 연습만 하는 등 행실이 단정치 못하고 남자인지 여자인지 알 수 없는 복장과 목소리라서 혐오감을 준다는 식의 평판이 학교에 퍼지게 된다. 교사 ㄴ은 G를 불러 생활지도하려고 한다. ㄴ은 어떻게 생활지도 할까?

생활지도의 근거와
판단 기준은?

만일 이 사건들이 전북에서 일어났다고 가정하고, 각 사례의 교사들이 평범한 교사라고 가정하면 어떤 생활지도가 뒤따를까? 평범한 교사들은 일단 규정을 많이 살펴보지는 않지만 생활지도 고시가 생긴 후 그 관심이 높아졌다는 점과 학교의 사법화 경향을 고려하면, 현 상황에서 참고할 가장 실제적인 기준은 생활지도 고시를 반영하여 개정된 학생생활규정과 전북교육청에서 발간한 생활지도 매뉴얼 정도일 것이다. 먼저 전북의 한 학교의 학생생활규정(이 학교의 생활규정은 전북교육인권센터의 생활규정 예시안과 매우 유사하다)에서 참고할 만한 규정은 2개 정도 찾을 수 있다. 하나는 학생의 책임을 규정하는 조항 중 "10. 자신과 다른 사람의 건강과 안전을 위해 노력할 책임"이고 둘은 학생의 기본 행동 중 "⑤ 학생은 성性에 관한 올바른 이해를 바탕으로 책임 있게 행동한다"이다. 또 전북특별자치도교육청 민주시민교육과에서 발간한 〈학생생활교육 길라잡이〉(2024)에서는 다음 두 근거를 찾을 수 있다. "보건 및 안전 관련 생활지도 범위"에 "사회적 통념에 어긋나는 반사회적 행위"를 규정하고 있고, "인성 및 대인관계와 관련하여 생활지도" 할 수 있다고 밝히고 있다.

이를 근거로 사례 1의 학생 A와 B를 지도한다고 하면, 교사 ㄱ은 먼저 둘의 행동이 어떤 점에서 지도가 필요한지에 대해 판단을 내려야 한다. 이 사례를 접한 교사들의 반응을 토대로 ㄱ의 판단을 예상해 보자면 이렇다. 학교라는 신성한 배움의 공간에서 감히 키스한 것, 이제 겨우 중학생이 키스한 것, 다들 보는 앞에서 남사스럽게 키스한 것, 인적이 드문 으슥한 공간에서 만나 불건전하게 키스한 것, 성적인 행위에 대해 책임질 수 없는 나이에 이뤄진 책임감 없는 성적 행위로 이어질 수 있다는 것 등이 앞의 근거에 부합하는 판단 기준이 될 수 있을 것이다. 이 중에는 시대에 뒤떨어져 보인다고 할 것도 있지만, 중학생의 섹슈얼리티 측면에서 정상성*을 벗어난 행동이라는 것이 대체적인 판단일 것이다.

사례 2의 경우, 앞서와 같이 학생 G에 대한 지도의

방향을 설정해 본다면, 노출이 심한 의상을 입고 선정적인 춤을 춰서 학생들의 좋지 않은 발언에 원인을 제공한 것과 남학생이 여성의 춤을 모방하여 성적 호기심이 충만한 학생들에게 지나친 자극을 주었다는 점, 성정체성에 혼란을 주는 공연이 문제였다는 점 등이 앞의 근거에 부합하는 방향이 될 것이다. 이 역시 정도의 차이는 있을 수 있지만 중학생의 젠더 수행에 있어서 정상성을 벗어난 행동이므로 지도가 필요하다는 것이 대체적인 판단일 것으로 보인다.

두 사례에서 앞서 나열한 기준들 중, 교사의 생활지도에 가장 큰 영향을 주는 요소는 "성에 대한 올바른 이해"와 "사회적 통념"이다. 성에 대한 올바른 이해와 사회적 통념은 청소년을 무성無性적 존재로 보거나 청소년의 성에 관련한 행동 자체를 용인하지 않는다. 또

---

* 한 사회에서 흔한 행동들을 정상상normality에 부합한다고 하고 이 정상성이 규범적 성격을 지니게 되면 사회 구성원들에게 강제성이 부여되는 경우가 많다. 이때 흔치 않은 행동을 하는 구성원에게 이상성abnormality의 딱지를 붙이게 된다. 정상성에 해당하는 것으로 이성애중심주의, 시스젠더중심주의, 비장애인중심주의 등이 있다. '무성애적 존재로서의 어린이·청소년'이나 '공부에만 전념하는 존재로서의 학생', '학생다움을 보여 주는 학생' 등도 정상성의 한 예라 할 수 있다.

시스젠더와 이성애가 정상적인 성장의 기준으로 여겨진다. 이 기준을 벗어난 학생에 대해 지도하는 것이 교사들에게는 어쩌면 '당연한' 일일 것이다.

생활지도의 방법은?

지도의 방향과 그 근거가 정해지면 이제 어떤 방법을 쓸지 고려해야 한다. 〈학생생활교육 길라잡이〉에 따르면 조언과 상담이 가능한 방법으로 보인다.(물론 일부 교사는 주의나 훈육과 같은 더 강력한 방법을 사용하려고 할 수도 있다. 하지만 대체적으로 정상성을 벗어난 학생이 문제라고 보는 교사라고 해도 우선은 설득을 통해 학생의 변화를 유도하려고 하지, 강력한 지도를 통한 즉각적 행동 수정을 요구하는 사안이라고 보지는 않을 것이다.) 이 과정에서 "공개적인 조언을 하는 경우 모멸감이나 수치심을 주는 평가나 비난이 되지 않도록 주의"한다든지, "학생에게 교사의 의견을 강요하지 않아야 하며, 학생이 자신의 가치와 신념을 탐색하도록 격려하는 것이 바람직"하다든지, "대화 내용이 주변 사람에게 들리지 않도록 주의할 필요가 있으며, 상담 내용이 제3자에게 누설되지 않도록 함"과 같은 생활지도의 일반 원칙을 준수해야 한다. 하지만 교사들은 이런 주의 사항들을 지키면서 세심하게 생활지도 하기 어렵다고 하소연하기도 한다. 비밀이 보장되는 교무실도 없거니와 상담 교사가 아니고서는 그렇게 진지하게 조용히 앉아서 이야기할 시간도 없다고, 교사들은 항변할지 모른다. 하지만 이는 법령이 정하는 최소한의 규정일 뿐이며, 「초·중등교육법」 제18조의4*에 따라 교사에게 부과된 의무이다.

조언 또는 상담의 과정을 거쳤음에도 지속적으로 이 사안들이 이슈가 되면 징계를 고려해야 한다는 압박이 있을 수 있다. 사건이 학교에 이미 많이 알려졌고 어떤 가시적 조치를 취하지 않으면 외부로부터 생활지도를 제대로 하지 않는다는 평가를 받는다거나 민원

---

* ① 학교의 설립자·경영자와 학교의 장은 「헌법」과 국제인권조약에 명시된 학생의 인권을 보장하여야 한다.

전화를 받게 되는 경우도 많기 때문이다. 젠더와 섹슈얼리티에 열린 태도를 가진 교사라 해도 그런 압박에 학생들의 입장에서 행동하기란 쉽지 않은 것이 현실이다.

하지만 징계 절차를 진행하려고 해도, 예시한 것과 같이 학칙상 징계 기준에서는 관련된 내용을 찾을 수가 없다. 결국 "학생생활교육위원회에서 협의를 통해 결정"한다는 조항을 적용해야 한다.* 그러면 학생생활교육위원회의 협의 기준은 무엇이 될까? 다시 "성에 대한 올바른 이해"와 "사회적 통념"이 협의의 기준이 될 것이다. 그것이 사회 다수의 의견이기 때문이다. 협의의 과정에서 학생 A, B, G가 학생생활교육위원회의 절차에 따라 진술의 기회를 보장받고, 자신의 정당성을 항변할 기회를 얻기도 힘들다. 이 학생들의 양육자들 역시 사회적 통념에 가까운 생각을 가졌다면 이들의

---

* 물론 학교 현장에선 학생생활교육위원회의 절차를 거치지 않고 이뤄지는 징계들도 많다. 예를 들어 기숙사가 있는 학교라면 기숙사의 징계는 보다 간편하고 직접적인 학습권 침해를 주지 않지만 학생의 생활에 심각한 영향을 주는 일주일 통학과 같은 방법을 절차를 지키지 않고 적용하는 경우가 많다.

징계 기준(제40조 관련) - 2023년 9월 8일 개정

구분	행위 내용	징계 내용			
		교내 봉사	사회 봉사	특별 교육	출석 정지 (전학 권고)
준법	공공 문서를 위·변조하거나 불순한 목적으로 사용하거나 대여한 학생	O	O	O	O
	교사의 정당한 지도에 불응한 학생	O	O	O	
	징계 지도에 불응한 학생		O	O	O
	인장 및 제 증명을 위조한 학생	O	O	O	
수업	수업 또는 타인의 학습을 방해한 학생	O	O	O	
시험	고사 중 부정행위를 했거나 동조한 학생	O	O		
	시험 문제를 누설 또는 문제지를 훔친 학생	O	O	O	O
약물	교내에서 흡연 또는 음주한 학생			O	O
	본드, 대마초, 환각제나 마약류를 복용한 학생			O	O
폭력	공공 시설물, 집기류 등을 고의로 파손한 학생	O	O	O	
금품	타인의 소유물을 훼손(절도 행위 포함)한 학생	O	O	O	
기타	소지 및 사용 불가한 물품을 소지하거나 사용한 학생	O	O	O	
	학습 기자재(컴퓨터)를 학습 목적 외로 사용한 학생	O	O		
	동일 학년에 2회 이상 동일 징계를 받을 때는 가중 처벌을 한다.		O	O	O
	이 기준에 포함되지 않은 행위에 대해서는 학생생활교육위원회의 협의를 통해 결정한다.	O	O	O	O

행동을 이해할 가능성은 낮기 때문이다. 양육자들이 사회적 통념과는 다르게 소수자에 대한 공감의 정도가 높다고 해도 다수의 사람들을 상대로 그러한 의견을 납득시킬 정도의 에너지와 여유를 가진 경우는 흔치 않다.

학생의 인권을 존중하는 생활지도를 하려면

이러한 생활지도를 사회의 시선에서 평가해 보면 납득할 수 없는 일이 많다. 예를 들어 공공장소에서 키스하는 행위에 대해 사회적 논란이 있을 수는 있지만, 일반적으로 그것이 교정이 필요한 행동이라거나 처벌을 받아야 할 행위라고까지는 여겨지지 않는다. 아무리 보수적인 시각을 가진 사람이라고 해도 그렇게까지 말하는 것은 다소 과한 것으로 평가받는다. 성소수자를 보고 혐오적인 발언을 하거나, 성소수자를 규정으로 처벌해야 한다고 주장하는 사람도 별로 없다. 그런데 학교에서는 이런 다소 과한 일들이 교육의 이름을 빙자하여 여전히 이뤄지고 있다.

교육활동 중에 이런 부당한 생활지도가 얼마나 자주 일어나는지 다음과 같은 자료를 통해 알 수 있다. 청소년인권행동 아수나로 부산지부가 2024년 1월 9일에 발표한 〈부산지역 학생 성소수자 실태조사〉에 따르면 응답자의 33%가 교사로부터 "여기 성소수자 그런 거 없지?", "동성애는 금기이며 더러운 것" 등의 혐오 표현을 들었다고 한다. 같은 조사에서 응답자의 43%가 학교공동체로부터 배제돼 외롭다고 느낀 경험이 있다고도 했다. 이와 같이 다양한 섹슈얼리티와 젠더 실천을 하고 있는 학생들에게 학교는 힘든 공간, 안전하지 않은 공간이며 교사의 부당한 생활지도가 그 어려움을 더해 주는 요소 가운데 하나임을 알 수 있다. 섹슈얼리티와 젠더에 관한 정상 규범이라는 다수의 기준에 따라서, 정상성을 벗어난 소수의 학생들(성애적 실천을 하는 학생이나 성소수자 학생 등)의 헌법적 기본권(사상과 표현의 자유, 행복을 추구할 권리 등)을 제한하고, 나아가 학생의 정체성 또는 자아의식에 심대하게 부정적 영향을 미칠 수 있는 혐오적 생활지도를 어떻게 교육적이라고 할 수 있을까?

정리하자면 생활지도 전 과정에서 섹슈얼리티와 젠더 측면에서 정상성을 위반한다고 여겨지는 학생의 성애적 행위, 젠더 규범을 벗어난 행위들이 생활지도가 필요한 이상 행동에 해당되는 것으로 여겨지면서 그 근거를 올바른 성의식, 사회적 통념과 같은 자의적 해석이 가능한 문구에 의존하여 교사의 지도에 대한 절차적 견제가 거의 없는 상황이라는 점을 확인할 수 있다. 실제로 2023년 12월에 전북교육청을 비롯한 8개 교육청이 공동으로 발간한 〈2023 사례 해설집 – 학교공동체의 신뢰회복과 교원의 정당한 생활지도를 위한 가이드〉에는 성소수자나 젠더 규범에 관련한 사례가 단 하나도 실리지 않았다.* 즉 섹슈얼리티와 젠더 관련한 생활지도에 관한 지침 자체가 없어서 다수의 정상성에 대한 통념에 의존하도록 방치하고 있음을 재확인할 수 있다.

---

* 이전 버전인 〈학교에서의 아동인권 존중을 위한 학생인권 공동사례집〉(2022년)에는 성소수자 혐오 발언 사례가 하나 실려 있었으나 2023년 사례 해설집에선 삭제되었다.

젠더와 섹슈얼리티에 관련한 경우와 달리, 장애인과 이주민과 같이 소수자에 대한 법적 보호가 규정된 경우는 생활지도에서도 그에 대한 고려가 요구되고 있다. 다시 〈학생생활교육 길라잡이〉를 살펴보면 "특정 종교, 인종 집단에 대한 혐오를 과도하게 표현하는 복장을 착용하지 않도록 지도", "한국어가 미숙한 중도 입국 청소년이나 청각장애를 가진 학생 등이 휴대전화를 번역, 음성의 문자 변환 등을 목적으로 사용하는 경우는 교육 목적 사용으로 인정함"과 같이 소수자에 대한 법적 보호가 법률에 규정되어 있을 때에는 이를 생활지도의 고려 사항에 언급하고 있다.

그러면 젠더와 섹슈얼리티에 관해서는 어떤 보호 규정도 없는 것인가? 아니다. 같은 학교의 생활규정에는 다음의 조항이 있다.

(차별받지 않을 권리) ① 학생은 어떠한 이유로도 차별받지 않는다.

② 학교의 장은 빈곤, 장애, 한부모가정, 조손가정, 다문화가정, 북한 이탈 학생, 운동선수, 성 소수자, 학교부적응 학

생 등을 포함한 소수 학생이 그 특성에 따라 요청되는 권리를 적정하게 보장받을 수 있도록 최대한 노력한다.
③ 학교는 차별을 받아 어려움을 겪는 학생의 인권을 보장하기 위해 노력한다.

물론 이 생활규정의 근거는 전북 학생인권조례다. 하지만 조례의 규정력의 한계로 인해 권리 침해에 대한 구제를 요청해도 권고만을 내릴 수 있어 그 권고를 실행하려는 교육감의 의지가 없다면 현장에서 이를 견인할 동력은 실질적으로 없다. 2024년 현재, 전북 교육감은 학생인권과 교권의 균형을 평계 삼아 학생의 책임을 과도하게 강조하고 있는 중이며, 인권 업무 담당자의 직권 조사 폐지를 주도하며 교사들의 민원 해결에 열을 올리고 있기에 그런 의지를 기대하기 매우 어렵다. 이에 더해 생활지도 고시가 생긴 뒤에는 고시가 조례보다 상위법이므로 이를 무시해도 된다는 교사들의 주장이 강해지고 있어서 이제는 거의 무력화되었다고 해도 틀린 말이 아니다.

그래도 이 조항을 근거로 생활지도를 다시 고려해

본다면 어떨까? 사례 1의 경우 A와 B가 아니라 C, D, E, F가 다른 학생들의 연애와 같은 내밀한 사생활을 침해하고 소문까지 내서 괴롭혔다는 점에서 학교폭력으로 인지될 수 있고, A와 B가 원한다면 신고가 가능하다. 또 신고를 원하지 않는다고 해도 사생활 침해 행위에 대한 생활지도는 매우 필요하다. 그 외에도 '구경'하겠다고 몰려온 학생들에 대해서도 관련한 교육이 필요할 것이다. 타인의 사생활을 목격하더라도 이를 존중하고 자리를 피해 주는 것이 더 바람직하며, 타인의 사생활이 구경거리가 되어서는 안 된다는 점도 알려야 한다. 또 청소년 역시 섹슈얼리티와 관련하여 권리를 지닌 존재로서 자신의 성적 실천에 대해 최대한 존중받아야 한다는 점도 교육되어야 한다. 이에 더해 A와 B가 안전하게 만날 수 있도록 교육하고, 둘의 연애 또는 교제가 안전하게 유지되도록 지지하는 일도 필요할 것이다.

하지만 연애와 교제에 대한 언급 자체를 불온한 것으로 여기는 일부 보수 성향 학부모단체들이 성교육 도서들에 선정적 내용이 담겨 있다며 폐기를 요청하는 민원이 이어지고 있는 상황을 감안하면, 학교에서 학생에게 안전한 연애와 성적 실천을 교육한다는 것은 불가능에 가깝다. 다시 학생의 책임 중 "자신과 타인의 건강과 안전을 위해 노력할 책임"을 생각해 보면 학생들로 하여금 안전한 연애와 성적 실천을 위한 노력을 방기하게 하고 있는 사람은 누구인가? 성적 실천을 하고 싶어 하는 학생들에게 아무런 교육과 지도도 없이 더 보이지 않는 장소에서 들키지 않고 하는 방법만을 고민하게 하는 사람은 누구인가? 이와 같은 사회적 압력으로 인해 교사들이 관련 교육을 회피하고 관련한 학생들을 정상의 틀에 맞게 하는 방향으로만 지도하도록 압력을 행사한다면 이것이야말로 외부의 압력에 영향받지 않고 가르칠 수 있어야 하는 교사의 권한을 침해하는 것이 아닌가? 왜 이와 같은 교사의 권한은 존중받아야 한다는 목소리가 사회적으로 나오지 않는 것일까? 이 역시 사회적 통념에 따른 교육만 가능한 현실 때문이다. 그래서 학생의 권리를 구체적으로 규정하는 법이 필요하다. 그 권리 실현을 위한 교사의 권한이 법리적으로 자연스럽게 도출될 수 있기 때문이다.

소수 학생의 인권을
보장할 법이 필요하다

사례 2의 경우, 학생 G는 성정체성 등을 이유로 차별받아서는 안 되며 오히려 인권을 보장받을 수 있도록 교사 ㄴ은 보다 적극적으로 G에 대한 보호 및 지원을 해야 한다. 그리고 G가 원한다면 성추행 발언을 한 학생과 G의 성정체성에 관한 소문을 퍼뜨리는 학생에 대해 학교폭력으로 보고 신고를 접수할 수도 있고 관련한 생활지도도 반드시 이뤄져야 한다. 물론 이 과정에서도 앞서 언급한 일반적 주의 사항들을 지켜야 하는 것이 당연하다.

이런 생활지도가 이뤄지지 않는 이유도 앞서와 같다. "동성애나 성전환 등에 대한 윤리적 유해성을 교육하면 차별 행위가 될 수 있고, 동성애가 정상이라는 교육으로 인해 청소년의 성전환과 에이즈가 증가한다고 주장"*하며 학생인권조례의 폐지를 외치는 사람들에 의

---

* "'동성애 조장' 공격에… 11살 서울 학생인권조례 폐지 위기", 〈한겨레〉, 2023년 1월 26일.

해 이미 충남·서울의 학생인권조례가 심리적 효력 정지 상태에 빠진 상황에서, 앞서와 같은 생활교육을 교사가 적극적으로 실행할 수 있을까? 이것 역시 교사의 권한에 제약을 가하는 상황 아닐까? 반대로 만약 학생인권조례 폐지를 주장하는 사람들과 비슷한 인식을 지니고 있는 교사라면 과연 G의 교육받을 권리를 지키기 위해 적극적으로 자신의 생각과 반대되는 행위를 실천할 수 있을까? 어쩌면 이러한 실천이 진정한 민주 시민의 자세일 텐데, 이런 실천을 하는 교사에게 주어지는 사회적 평판이 우호적일 수 있을까? 오히려 과격하고 급진적인 실천을 한다고 여겨질 가능성이 훨씬 클 것이다.

살펴본 바와 같이 법령과 학칙이 정하는 바에 따라 생활지도 한다고 할 때, 상위법에 근거가 있는 경우와 그렇지 않은 경우 학칙 해석의 방향이 달라졌다는 것을 확인할 수 있다. 교사가 의지를 가지고 인권 친화적인 생활지도를 하고자 해도, 사회적 압박으로 인해 이를 보장할 근거가 필요하다. 소수자로서의 학생의 권리를 구체적으로 열거하는 상위법이 없다면 학생에 대한 사회적 통념 즉 학생다움을 정상성으로 여기는 상태에서 이를 벗어난 행위를 인권의 테두리 내에서 지도할 수 있는 안전한 방법이 교사에게 없기 때문이다. 소수 학생의 인권을 보장할 수 있는 상위법이 절실하게 필요한 이유다. 그 상위법의 구체적 형태가 '학생인권법'이고 '차별금지법'이다. 이 법의 내용을 재확인하고 보다 구체적으로 규정할 수 있는 것이 학생인권조례와 그에 기초한 학칙과 학생생활규정이다.

정부는 생활지도 고시가 교사의 정당한 생활지도 권한을 규정하고자 노력한 것이라고 주장하고 있다. 하지만 법령이나 학칙에 따라 확인 가능한 수준의 학생인권 보장 원칙을 규정하고, 규정되지 않은 나머지 모호한 권리들을 사회적 통념이나 올바른 인식과 같은 불확실한 기준에 따라 제한할 수 있다고 안내하되 그 과정에서 인권의 일반 규칙에 맞게 시행하라고 정리해 준 셈이다. 아무리 교권을 강화하겠다고 해도 「초·중등교육법」 제18조의4에 명시된 학생인권 보장을 위해 노력할 학교와 교원의 의무를 무시할 수 없고, 결국 학생인권이 교권의 한계이고 교사의 권한의 근거가 학생인권이라는 점을 확인하는 역설이 남았을 뿐이다.*

---

* 〈2023 사례 해설집 - 학교공동체의 신뢰회복과 교원의 정당한 생활지도를 위한 가이드〉는 2022년 11월에 전북교육청을 비롯한 8개 교육청이 공동으로 발간한 〈학교에서의 아동인권 존중을 위한 학생인권 공동사례집〉의 개정판이다. 이것이 시사하는 바 역시 교원의 정당한 생활지도를 가이드하는 것은 학생인권이라는 것이다. 그러므로 학생인권을 「초·중등교육법」에 명시하는 것, 특히 성소수자 학생과 같이 이른바 정상성의 범주를 벗어나는 소수자 학생들의 권리를 명시하는 것이 매우 중요하다.

생활지도 고시가
학교에 가져오는 딜레마

새시비비

과연 신중하고 교육적인
지도가 이루어질까

다음의 사례는 생활지도 고시 시행 후 교사들과 학생들에게 제보받았던 내용을 재구성한 것으로 주변에서 어렵지 않게 발견할 수 있는 사례들임을 염두에 두고 살펴보면 좋겠다. 생활지도 고시가 학교에서 어떻게 작동하고 있고, 이는 어떤 영향을 미치고 있는지를 중심으로 살펴보고자 한다.

사례 1

평상시처럼 기숙사 현관 앞에서 친구들과 축구공을 가지고 놀며 여성혐오적인 욕설을 하고 있던 학생 A(이들은 여성혐오적인 욕설을 하거나 학교 운동장이 아닌 곳에서 위험하게 축구를 해도 꾸중을 듣거나 지도받은 적이 없다)가 근처를 지나가던 학생 B 앞으로 공이 가자 공을 차 달라고 한다. B는 축구를 못하는 편인데 공을 차 주려다 실수로 기숙사 유리창을 맞힌다. 근처에 있던 사감 교사 ㄱ이 학생 B가 당황하는 것을 보고 큰소리로 혼내기 시작한다. B는 ㄱ에게 축구공을 가지고 놀던 학생들은 A와 그 친구들인데 잠깐 실수한 자신만 혼내는 것이 억울하다고 항변한다. 전부터 B가 자신에게 자주 대들었던 것에 대해 문제가 있다고 생각해 온 ㄱ은 B와 같은 기숙사 방을 쓰고 있는 C, D와 함께 사감실 옆방으로 옮기라고 지시한다. C는 방에서 그 소식을 듣고 ㄱ을 찾아가 항의한다. 자신은 잘못한 일이 없는데 왜 방을 옮겨야 하냐고 따져 묻자 ㄱ은 B가 잘못했으니 B에게 따지라고 한다. 몇 번을 침착하게 항의를 해도 ㄱ이 들어주지 않고 자꾸 돌아가라고 하니 결국 화가 난 C는 이해할 수 없다며 ㄱ에게 욕설을 하기 시작한다. 이 광경을 지나가던 교장이 보고 학생을 분리시키고 C는 교권보호위원회로 넘겨진다. 학생 A와 친구들은 운동을 잘하고 자주 어울려서 놀고 여성혐오적인 언행을 자주 하지만, 장난으로 여겨지며 큰 문제 없는 학생으로 간주된다. 학생 B는 각종 학교 행사에서 여장을 잘하는 남학생이며, 종종 억울한 일을 겪을 때 교사에게 잘 따지는 학생이다. 학생 C는 분노 조절에 어려움이 있어 억울한 일을 당하면 자주 주먹을 휘두르고, 수업 시간에 관련 없는 질문을 하여 수업 방해를 자주 한다는 불평을 주변 친구들로부터 듣는 편이다.

이 사건이 전북 지역의 학교에서 발생했고, 학교의 교사 다수와 양육자들이 엄격하게 학생들을 지도해야 학생들이 바르게 성장한다는 관점으로 교육하며, 대체적으로 규정에 맞게 생활지도를 하려고 노력한다고 가정하면, 어떤 방식으로 생활지도가 이뤄질지 예상해 볼 수 있다. 일단 직접적인 생활지도의 대상이 된다고 생각할 수 있는 학생은 B와 C다. B는 축구공으로 유리창을 맞혔고, 교사에게 자주 대들고, 교사의 생활지도에 대해 항의한 점이 그 이유다. C는 교사의 처분에 불만을 품고, 지속적으로 항의하고 교사에게 욕설을 한 점이 생활지도가 필요한 부분으로 여겨진다.

하지만 대체적으로 규정을 따르려는 교사들마저도 이 상황에서 정식 절차를 통해 생활지도를 하려고 하지는 않는다. 전북교육청의 생활지도 매뉴얼에 따르면 사안이 경미한 경우 담임의 판단으로 양육자에게 문자 등으로 통보하고 학생에 대한 생활지도를 실시한다는 점을 알려야 한다. 그런데 작은 일들까지 일일이 양육자에게 알리고 이에 대한 상담을 한다는 것은 많은 업무적 부담이기 때문에 학생이 잘못을 인정하면 알리지 않았더라도 양육자로부터 큰 항의는 받지 않을 것으로 판단할 수 있으므로 비공식적으로 처리하려고 할 수 있다. 다른 업무가 과중해서 그런지 또는 다른 업무들이 학생 생활지도보다 더 중요한 일이라고 여겨서 그런 것인지 알 수 없지만 대개 두 이유 모두 판단에 영향을 미치는 것 같다.

여기서 문제는 경미한 사안이라는 판단을 오롯이 교사 혼자서 한다는 점이다. 해당 교사의 판단이 문화적, 사회적 요인들로 인해 영향을 받아 심각한 사안을 경미하다고 판단하거나 경미한 사안을 심각하게 판단하면 문제가 될 가능성이 높다. 제시한 사례에서 여성혐오적인 욕설을 사용하는 학생들에 대해서는 어떤 생활지도도 이뤄지지 않고 있는데, ㄱ은 이를 경미한 문제로도 인식하고 있지 않다. 그 이유는 ㄱ의 문화적, 사회적 환경에서 여성혐오적인 욕설 사용이 성장기에 흔히 나타나는 조금 과한 행동 정도이거나, 남자다움을 표시하는 정상적인 성장 과정이라고 용인되기 때문일 수 있다. 그래서 그런 욕설을 하는 것까지 지도하자고 하면 교사가 할 일이 너무 많아진다고 말할지도 모른다.*

교사의 생활지도가 학생의 삶에 심대한 영향을 주는 요소라는 점을 인정한다면, 그리고 그 경중을 파악하는 데 초기 교사의 판단이 결정적 역할을 한다는 것을 안다면 교사는 매우 신중해야 한다. 그러려면 사안의 여러 측면을 다각도에서 검토해야 한다. 교사들은 일상적으로 그리고 많이 들어야만 한다. 자신의 성

---

* 하지만 학생들에게 강한 지도가 필요하다고 주장하는 다수의 교사들이 근거로 삼는 '깨진 유리창' 이론을 여기에 대입하면 그 욕설을 먼저 막지 않으면 더 큰 폭력으로 이어진다고 주장할 수도 있을 것이다.

장 배경을 바탕으로 한 익숙한 판단만으로는 그와 같은 결정을 내리기에 너무도 부족할 가능성이 크기 때문이다. 교사들 중에 그런 판단을 혼자서 아주 빠르게 그리고 오판 없이 내릴 수 있는 사람은 많지 않을 것이다. 물론 이런 신중함을 학교 현장에서 용인해 줄 가능성도 희박하므로 이 신중함의 부족을 교사들의 오만이나 잘못이라고만 말할 수는 없다. 교사에게 허락되는 시간도 자원도 부족하다면 그것은 사회와 정부의 협조가 충분하지 않기 때문이기도 하다. 이 부족한 부분을 채우려면 정책적·법적 지원 없이는 불가능하다. 뒤에서 더 다루겠지만 그래서 이 지원을 위해 필요한 것은 보다 신중한 판단과 교육적 접근을 법적으로 보장하는 것이라고 본다.

다시 사례를 보자. ㄱ은 B가 대들었다는 이유로 같은 방 학생 C, D에게 방을 바꾸라는 지시를 내렸을 때 생활지도상 지시에 해당하는 조치를 했다. 이 과정에서 경미하다고 판단하여 결정했다고 해도, 세 학생의 양육자에게 관련 내용을 통보하고 그 내용을 기숙사 운영 부장 교사에게도 알려야 했다. 만일 그렇게 했다면 C가 항의하기 전에 양육자가 조치상 문제점(연대 책임을 지우는 것은 학생인권 침해 가능성이 있으며 이는 다시 자세히 논의할 것이다)을 항의했을 가능성도 있다. 또는 양육자와 C의 대화를 통해 C의 화가 어느 정도 사그러들었을 가능성도 있다. 어쩌면 ㄱ이 양육자에게 통보하지 않은 이유는 절차의 번거로움이 아니라 자신의 지도상의 잘못이 양육자에게 알려지지 않길 바라서였을지도 모른다.

또 ㄱ은 B의 대드는 행위를 경미하게 처리한 것처럼 보이지만 사실 그렇지 않다. 아마도 교사에게 대드는 행위가 심각하다고 생각한 것 같은데, 그 이유는 지시의 내용이 거의 징계에 가까운 호실 변경이기 때문이다. 사안은 중대하게 판단하고 그 조치도 중대한데, 그 처리 과정은 경미한 것처럼 한 것이라고 정리할 수 있다. 심지어 경미한 처리 과정에서 요구되는 절차마저도 생략한 방식으로 생활지도를 한 것이다. 중대한 사안을 중대하게 처리하는 것은 그만큼 신중함을 기하라는 뜻이다. 사안의 중대함 여부를 결정하는 것도 정말 신중해야 하는데 ㄱ의 처리는 그렇지 않아 보이고,

중대한 사안을 처리하는 과정도 신중해야 하는데 그렇지 않았다. 그 과정에서 ㄱ이 참고한 것은 자신의 판단 말고는 없어 보인다. 항의하는 학생의 주장도, 사안을 알고 있는 다른 교사의 의견도 참고하지 않은 것이다.

규정과 원칙에 맞게 생활지도 한다면

이제 보다 규정에 맞게 신중하게 생활지도 하는 방식을 생각해 보자. 일단 규정에 맞게 하기 위해 생활지도의 근거부터 규정에서 찾아야 할 것이다. 두 학생에 대한 생활지도의 구체적 지침을 가장 가까이에서 찾을 수 있는 것은, 전북 교육인권조례에 근거하여 전북교육인권센터가 제시한 학생생활규정 예시안에 따라 제정된 각 학교의 학생생활규정이다. 일단 적용할 근거를 찾아보면 다음과 같다.*

학생의 책임

1. 학교구성원의 인권 존중 책임

4. 교원의 교육활동 및 교육적 권한을 존중할 책임

5. 학교 규정과 규정 준수의 책임

7. 바른 말과 바른 글을 쓰고 정보통신 윤리 준수의 책임

10. 자신과 다른 사람의 건강과 안전을 위해 노력할 책임

11. 그 밖의 보편타당한 책임

학생의 기본생활 - 기본행동

1. 학생은 학교 구성원 모두를 서로 존중한다.

2. 학생은 욕설, 비난 등 모욕적인 말과 행동을 하지 않는다.

3. 학생은 다른 사람에게 불쾌감이나 수치심을 주는 행동을 하지 않는다.

4. 학생은 교사의 정당한 교육적 권한과 지시를 존중하고 따른다.

7. 학생은 교원의 조치가 부당하다고 생각하는 경우 인권우

---

* 최근 학생인권조례에 학생의 권리만 강조되고 학생의 책임이 명시되지 않아 교권 침해가 늘고 있다는 주장에 따라, 전북특별자치도교육청 학생인권조례 중 이미 존재하고 있었던 학생의 책임과 의무에 "학생은 다른 사람의 인권을 침해한 경우 관계 법령과 학칙에 따른 책임을 진다"는 조항을 추가 신설하였다. 이에 따라 학생생활규정 예시안에 추가된 내용이 아래의 '학생의 책임 부분'이다. 하지만 이미 앞에서 살펴봤듯이 학생인권은 생활지도상 고려되지 않고 있는 측면이 많다. '학생인권 과잉'이 환상이라는 점은 생활교육 현장을 조금만 들여다봐도 쉽게 알 수 있다.

호적 의사소통 방식으로 자신의 의견을 표현하고 개선을 요구할 수 있다.

B와 C는 학생의 책임과 기본 행동 중 다수의 사항을 어기고 있다고 여겨지므로 생활지도를 받아야 한다고 하는 것이 매우 타당해 보인다. 꼭 이 규정들이 아니더라도 교사에게 대들고 욕설을 한 것은 사회적으로 용인되기 어려워 보인다. 특히나 교사가 부당한 조치를 했다고 하더라도 "인권 우호적 의사소통 방식으로 자신의 의견을 표현하고 개선을 요구"하라고 되어 있으므로 교사의 부당한 처분을 근거로 욕설한 행위를 정당화하기 어렵다. 또 자신이 부당한 처분을 받았다고 해서 다른 사람에게 부당한 행동을 할 수 있는 권리가 생기지 않는 것이 당연하므로 C가 욕설을 한 행동은 잘못이 맞다. 그러므로 이에 대한 생활지도는 꼭 필요하다.

엄격하게 교육해야 학생들이 바르게 성장한다는 관점으로 교육하는 교사들이 다수라는 가정을 상기해 보면, 교사의 권위가 바로 서야만 엄격하게 가르칠 수 있고 그래야 학생을 바르게 성장시킬 수 있는 것이라고 여길 가능성이 클 것이다. 이런 사고를 따라가다 보면 학생이 교사의 지도에 불응하면 학교의 체계가 무너진다고 생각할 수 있고 그래서 B와 C의 행동 중 교사에게 대들거나 욕설을 한 부분에 집중하는 교사들이 많을 것이다. 물론 그런 가정에 동의하지 않더라도 교사의 가르침에, 사례에서처럼 저항하고 다 따지고 들면 학교가 어떻게 되겠냐고 생각할 가능성이 크다. 교사가 신이 아닌 이상에 잘못할 수 있지만, 기본적으로 학생의 성장을 위해 노력하는 선의를 가지고 있기에 본질적인 잘못이 아니라고 생각할 수도 있다. 이렇게 보면 교사의 잘못은 본질적이지 않은 사소한 방법적 실수이지만 교사에게 대들고 욕설을 한 학생의 행위는 학교의 본질을 무너뜨리는 행동이 된다(물론 나는 이런 사고방식에 동의하지는 않는다).

그렇다면 이제 어떻게 생활지도 해야 이런 일이 재발하지 않을지 생각해야 한다. 일단 강력한 징계를 통해 학생이 자신의 잘못의 심대함을 깨닫고 반성하게 해야 한다고 주장할 수 있다. 이 주장을 받아들여 징계 절차를 진행한다면, 그 징계는 학생에게 실질적 불이익을 주게 되므로 절차적 정당성이 법적으로 매우 중요하게 된다. 이는 형사적 책임을 물을 때 절차적 정당성을 통해 인권 보장 원칙을 지키며 최대한 신중하게 절차를 진행하는 것과 비슷하다. 따라서 징계를 통한 생활지도 시에는 생활규정에 제시된 다음의 원칙을 지켜야만 한다.

징계원칙
1. 학생징계는 학생의 인격 존중을 우선적으로 고려하여 시행한다.
2. 학생징계는 사안 발생 후 조치보다는 예방 교육에 중점을 둔다.
3. 학생징계는 그 학생의 평소 행동과 교육적인 면을 고려한다.

먼저 제3항의 원칙을 고려하여 B와 C를 징계한다면 어떻게 해야 할까? B는 평소 축구를 즐겨 하지도 않고 위험한 행위인 기숙사 앞 공간에서 공을 차며 노는 행위를 한 적도 없다는 점을 고려해야 한다. 친구들이 공을 차 달라고 요구한 것에 응해 주다가 생긴 일임도 생각해야 한다. 또 기숙사 창문을 겨냥해서 맞힐 공차기 능력을 가지고 있지도 않다는 점도 참고할 수 있다. 문이 깨지거나 누가 다치는 것과 같은 실질적 피해를 입히지 않았다는 점도 생각해야 한다. 그러므로 실수에는 실수에 맞는 가벼운 '주의' 정도가 비례의 원칙에 부합할 것이다.*

교사의 지도가 부당한지는 차치하고, B가 항의하는 방식이 다른 학생들이 보는 앞에서 교사의 권위를 떨어뜨린다고 주장할 수는 있을 것이다. 하지만 교사에게 무례한 말을 하거나, 욕설을 하는 등의 과도한 반응을 한 것은 아니므로 "인권 우호적인 의사소통"을 크게 벗어났다고 보기 어렵다. 그러므로 이 부분에 관련해서 B를 징계하기는 어려워 보인다. C의 경우엔 평소 분

---

* 앞서 언급한 학생생활규정은 휴식 시간과 여가 활동 조항에 "다만, 최소의 범위에서 교육활동, 생활지도 등을 할 수 있다"고 휴식권 제한의 최소화를 명시하고 있으며 관련하여 비례의 원칙을 제시하여 "과잉금지의 원칙으로 목적의 정당성, 방법의 적절성, 법익의 균형성, 제한의 최소성을 지키는 것"이라고 부연하고 있다.

노를 잘 표현하는 것에 어려움을 겪고 있었으며, 교사의 생활지도에 대해 부당함을 호소하다가 자신의 분노를 주체하지 못하고 욕설을 한 것임을 고려해야 할 것이다. C의 행동은 어느 정도 예견할 수 있었다는 점도 있고, 이전에도 비슷한 일들이 있었을 때 징계하지 않았던 이유도 생각해 봐야 한다. 그렇게 되면 C의 징계에 대해서도 쉽게 판단을 내리기 어렵다.

징계원칙의 제2항을 고려한다면 징계를 통해 비슷한 행동이 재발되지 않도록 하는 효과를 거둘 수 있는 방법을 찾아야 한다. B의 축구공을 찬 행동은 일회적인 것이었고, 안전을 위한 행동으로서 운동장이 아닌 곳에서 공을 차지 않도록 타이르는 것으로도 충분해 보인다. C의 경우 교사의 지도에 불응하는 일이 계속되는 것으로 보이는데, 그 원인은 분노를 폭력적으로 표현하는 것이고 또 그 원인은 자신의 억울함을 평화적으로 표현하는 방법을 모르는 것이며 이들 요인들은 모두 학생 내부의 요인으로 파악된다. 반면 그와 같은 상황이 발생할 것을 예견할 가능성이 매우 큰 ㄱ이 C에게 적절한 지도 방법을 썼는지 의문이며, 또 징계의 과정에서 강한 징계를 쓴다고 해도 같은 행동이 재발하지 않는다는 보장도 별로 없어 보인다. 이런 점을 고려할 때 재발 방지를 위한 적절한 방법이 강한 징계라고 말하기 어려워 보인다. 물론 앞서 말했듯 징계를 해야 한다는 이유로 교사의 인권을 들거나, 다른 학생들이 이 학생이 처벌받지 않는 것을 통해 나쁜 신호를 배울 수 있다는 반론이 제기될 수는 있다. 그러나 징계라는 학생의 인생에 큰 영향을 주게 될 결정에 대해서는 오히려 이런 부분들이 외적인 요인이라고 할 수 있으므로 그 비중이 줄어야 한다고 재반론이 가능하다.

교사의 지도는 어떻게 해야 정당한가

징계원칙 제1항을 고려하여 학생의 인격 존중의 측면을 우선적으로 보려면 징계에 학생인권 침해적인 요소가 있는지 살펴야 한다. 두 학생 모두 교사의 지도에 불응한 것에 대해서 징계를 하려면 교사의 지도가 정당해야만 한다. 왜냐하면 앞서 제시한 징계 기준에는 "교사의 정당한 지도에 불응한 학생"에 대해 사회봉사, 특별교육, 출석정지의 처분이 가능하다고 되어 있기 때문이다. 정당하지 않은 지도에 대해 징계를 내린다면 학생에게 불이익한 처분을 함에 있어 인격 존중의 원칙이 지켜지지 않는 것이다. 그러면 무엇이 정당하지 않은 지도인가? 다시 「초·중등교육법」 제18조의4로 돌아가 학생인권 존중을 위한 노력의 의무를 다하지 않은 것은 법률적 정당성을 확보할 수 없다. 그러므로 학생인권을 침해하는 교사의 행위는 정당하지 않은 지도라고 할 수 있다.* 학생인권 보장의 구체적 내용을 제시한 것이 학생인권조례이고 이에 따른 구체적 규범이 학생생활규정이고, 교사에 대한 상세한 안

---

* 물론 현실에서는 많은 교사들이 인권 침해를 해도 아동학대로 판단되지 않는다면 정당한 생활지도라고 주장하는 경우가 많다. '교권 4법' 등이 마련된 배경에는 학생인권 침해 소지가 있어도 정당한 생활지도로 인정받아 아동학대는 아니게 해달라는 요구가 깔려 있다고 본다. 형사적 기준을 교육의 정당성의 기준으로 삼는 것은 정말 비교육적인 일일 텐데도 이런 주장이 대세가 되고 있다는 점은 매우 안타까운 일이다. 지금 해야 할 일은 학생인권 침해가 비록 형사적 처벌 대상은 아니라 해도 교육 현장에서 절대 용인돼선 안 되는 비교육적 행위라는 합의를 끌어내고 이에 맞는 적절한 행정 지도와 징계 수준을 마련하는 것일지 모른다. 그런 의미에서도 학생인권법 제정이 매우 중요하다고 본다.

내가 생활교육 매뉴얼이다.

그러면 학생생활규정에서는 어떤 방식으로 교사의 지도의 정당성을 규정하고 있을까? "학생의 인권은 학교생활에서 최대한 보장한다"고 되어 있으며, 체벌 금지 조항에는 "학생들에게 모욕감이나 수치심 등을 느끼게 하는 언어적 폭력"이 금지되어 있고, 생활지도의 범위에서는 "학생의 인권을 존중하고 정당한 교육활동을 보장하기 위해 (……) 학생을 지도할 수 있다"고 밝혔고, 생활지도의 방식에서는 "법령이 허용하는 범위를 넘어서 (……) 학생의 신체에 고의적인 고통을 가하는 방법을 써서는 안 된다"고 규정하면서 지도의 정당성에 대한 기준을 제시하고 있다.

전북교육청의 2024 생활교육 길라잡이에서는 정당한 지시와 부당한 지시의 기준이 무엇인가 묻는 질문에 대해 다음과 같이 답변하고 있다. "형식적으로는 학생생활규정 등에 포함되어 있는지 여부로 판단할 수 있습니다. 그러나 교육의 목적은 단순히 교사의 말을 잘 듣는 학생을 기르는 것이 아닙니다. 지시가 학생의 지적·정의적·행동적 능력을 함양하여 전인적인 인간으로 발달하는 데 도움이 되는지 판단해야 합니다."

ㄱ은 B에게 C를 포함한 룸메이트들과 함께 사감실 옆방으로 옮기라고 말함으로써 생활지도의 한 유형인 "특정한 행위를 하도록 지시"했다고 볼 수 있다. 앞서 살펴봤듯이 형식적인 측면에서 B와 C의 행위는 학생생활규정의 여러 항목을 위반하고 있으므로 이에 대한 생활지도는 정당하다고 할 수 있다. 하지만 지시의 정당성을 가르는 또 다른 기준으로, 학생인권을 보장하고 있는지, 그 지도가 학생의 지적·정의적·행동적 능력을 함양하여 전인적인 인간으로 발달하는 데 도움이 되는지도 판단해야 한다. '비례의 원칙'의 면에서도 학생의 기본권을 최소한으로 제한하는 방식이어야 한다. 〈2023 사례 해설집 - 학교공동체의 신뢰회복과 교원의 정당한 생활지도를 위한 가이드〉에서 연대 책임의 부당함을 해설한 다음과 같은 사례를 참고하면 ㄱ의 지도가 정당하지 않다고 판단할 수 있다.

C는 B의 잘못으로 인하여 불이익한 처우를 받았으므로 이는 명백한 연대 책임제이며, C의 인격권과 행복을 추구할 권리를 침해하고, 징계 등 절차에서의 권리

〈2023 사례 해설집〉에서 발췌한 사례

| 사례 | 생활복 착용 적발 시 해당 반 연대 책임 |

A고등학교는, 학생(들)이 생활복(체육복 포함)을 착용한 상태로 등·하교하다가 적발되면 적발된 학생 수만큼의 날짜 동안, 적발된 학생이 속한 반의 학생들이 학교에서 생활복을 착용할 수 없도록 하고 있다.

해설

「헌법」 제13조는 '모든 국민은 자기의 행위가 아닌 친족의 행위로 인하여 불이익한 처우를 받지 아니한다'고 규정하고 있다. 연대 책임^{연좌제, 連坐制, Implicative system}은, 한 사람의 규칙(법률) 위반 등을 특정 범위의 사람이 연대하여 책임을 지고 처벌받는 제도를 말한다.

위와 같은 방식은, 인격적 존재인 학생의 인격권과 행복을 추구할 권리를 침해하고, 징계 등 절차에서의 권리를 침해하는 것이다.

위 학교에서 연대 책임제를 실시한 이유는, 학생회 임원이 제안하여 학생회의로 결정한 것으로, 학생 자치 활동을 존중하는 차원에서 학교가 승인하였다는 점은 인정되지만, 학생회의로 결정한 사항이더라도 인권 침해적인 내용을 포함하고 있는지 학교가 검토하고 적절한 지도를 하였어야 한다.

를 침해한 것이다. B 역시 ㄱ의 연대 책임제 시행으로 인해 C, D에게 미안한 마음을 가지고 눈치를 봐야 하는 처지에 몰리게 되어서 자신이 잘못한 것에 비해 과한 불이익을 받았다고 할 수 있다. ㄱ의 생활지도는 이런 점에서 인권 침해를 발생시킨 정당하지 않은 지도였다고 정리할 수 있다.

그렇다면 징계 기준에 비춰 볼 때, 두 학생에 대한 징계는 가능한가? 적어도 "교사의 정당한 생활지도에 불응한 학생" 항목을 적용하는 것은 불가능하다. 그럼에도 징계하려 한다면 "이 기준에 포함되지 않은 행위에 대해서는 학생생활교육위원회의 협의에 따라 결정한다"라는 부분을 근거로 결정할 수 있다. 과연 그런 징계 결정은 정당할까? 그리고 협의에서는 어떤 내용을 근거로 징계를 결정할 수 있을까? B의 경우는 앞서 살펴봤듯이 교사에게 대들기는 했으나 큰 문제를 일으키거나 교사의 인격권을 침해했다고 보기 어려우므로 징계의 대상이 될 수 없다. 반면 어떤 경우에도 폭력은 정당화될 수 없고 누구도 욕설을 하거나 타인의 인격권을 침해해선 안 된다는 원칙은 C 학생에 대한 처분의 근거가 될 수 있다. 하지만 C 학생의 평상시의 행동에 관한 정보를 반영하면 교사의 예상 가능성 및 비의도적 측면은 감경 사유로 고려될 수 있다. 그렇다면 강한 징계의 가능성이 낮아진다. 결국 학생생활규정을 잘 따르려 한다면 두 학생에 대한 강한 징계를 통한 생활지도는 어려워지게 된다.

생활지도 고시를 통해 학생들에 대한 교사의 지도 권한을 명문화하여 교권을 강화하겠다는 교육부의 설명과는 달리, 교사가 징계를 하려고 해도 법령과 학칙이 정하는 바에 따라 학생인권의 원칙은 징계 시에도 계속 지켜져야 하며, 이는 생활지도 고시보다도 상위법이라는 점을 확인할 수 있다. 또 현재 생활지도 고시를 정확하게 살펴보지 않고 정부의 말만 듣고 사례에서와 같이 무리하게 강한 주의, 지도, 물리적 제지 등을 사용했을 때 교사가 기대하는 징계는 오히려 어렵고, 만약에 징계를 하더라도 학생 측에서 이의를 제기하면 징계의 부당성이 쉽게 입증될 가능성이 커 보인다는 점도 확인시켜 주고 있다. 빈 수레만 요란한 생활지도 고시다.

징계에서 고려해야 할 문제들

생활지도를 할 때 학생 존중의 원칙을 다른 측면에서 고려해 볼 수 있다. 그것은 학생의 개선 가능성에 대한 믿음과 교사의 개선 가능성에 대한 믿음에 차별이 있어서는 안 된다는 점이다. 그러나 교사라는 지위 자체가 주는 사회적 명망과 믿음으로 인해, 교사의 잘못에 대해서 우리 사회는 대체로 관대한 시선을 보낸다. 사실 교사의 인권 침해에 대해 학생이 신고할 의사가 없다면 교사는 잘못된 생활지도를 하더라도 어떠한 신분상의 불이익도 받지 않는다. 학생이 신고할 경우 굉장히 복잡한 절차를 거쳐야 하며, 인권 침해로 판단되어도 신분상의 불이익을 교육감에게 권고할 수 있을 뿐이고, 교육감이 권고를 불수용하면 거의 불이익이 없다. 다행히 교육감이 권고를 수용하여 인사상 조치를 취한다면, 다시 징계위원회를 열고 소청 심사를 거쳐 징계가 확정되는데, 행정 소송까지도 갈 수 있다. 이 과정을 거치면 처벌 수위가 한 단계씩 낮아지는 게 일반적이다. 그리고 각 과정에서 위원들은 교사의 항변을 듣고 공감할 준비가 되어 있는 경우도 많다.

학생은 배움의 과정에 있다는 이유로 쉽게 미성숙하다고 여겨지며 시야가 좁고 이기적으로 인식되고 심지어 악의적으로 교사를 힘들게 한다고 오해받는 경우도 많다. 학생도 징계를 받는 과정에서 교사가 누리는 정도의 절차적 안전장치를 설계하려고 노력한 기초적인 수준의 제도가 바로 학생인권조례다. 학교 현장에서 학생은 징계에 대해 항변하는 순간, 교사의 지도를 거부하는 학생으로 쉽게 사회적 낙인이 찍힌다. 학생의 잘못은 교사에 비해 훨씬 문제 삼기 용이하며, 쉽게 신분상 불이익인 출석정지, 전학, 퇴학 등의 처분이 가능하고 이로 인해 앞으로의 인생에 지대한 영향을 받게 된다. 심지어 교사가 문제 삼을 의사가 없어도 다른 교사들 또는 다른 학생들이 문제 삼을 가능성도 높다. 이 과정에서 어떤 교사가 학생의 항변을 듣고 공감하면, 그 교사는 '이상주의자'나 '인권만 주장하여 학생들을 망치는 교사'로 낙인찍힐 가능성도 높다.

정리하자면 교사는 인권 침해적인 생활지도로 학생의 전인적 발달에 방해를 주었음에도 실수, 즉 비의도적 과실을 범한 것으로 쉽게 인정받는다. 또는 학생들에게 좋은 의도를 가지고 지도하려고 했으나 순간의 화나는 감정을 누르지 못한 인간적인 실수로 인정된다. 반면 학생은 자신의 억울한 부분을 호소하는 과정에서 화나는 감정을 누르지 못해 인간적 실수를 했음에도, 교사의 지도에 불응하여 교사의 권위를 무너뜨리고자 한, 불순한 의도가 담긴 행위로 확대 해석될 가능성이 크다. 법정 드라마나 영화에 묘사되듯이 힘없고 가난한 사람들이 억울한 누명을 해명하고자 하나 평소의 언행으로 인해 신빙성을 의심받고, 사회적으로 명망 있고 지위가 높은 사람들이 쉽게 진술의 신빙성을 인정받고 재판에서 승소하는 모습들과 크게 다르지 않다.

  달리 생각해 보면, 교사는 전문적인 훈련을 받았으며 학생에게 심대한 영향을 끼칠 수 있는 매우 중요한 위치에 있다. 실수를 할 수는 있지만 그 실수마저도 미연에 방지하기 위한 노력이 너무나도 중요하게 요구된다. 또 경력이 많은 교사라면 그런 책임에서 더 자유롭지 못하다. 정당하지 않은 방법으로 학생을 지도하여 학생에게 사회에 대한 불신과 부당한 권위에의 굴복이라는 잘못된 학습의 결과를 초래한다면 이것은 실수라고 해도 너무나 큰 잘못이다. 고의적인 실수가 아니라도 자신의 책무를 방기하고 안일한 자세로 교육에 임한다는 비판에서 자유로울 수도 없다.

학생의 경우에는, 학생은 배우는 과정에 있으므로 실수와 잘못에 대해 관용적인 태도로 더 나아질 수 있다는 믿음을 바탕으로 교육해야 한다고, 교사들은 교사 양성 과정에서 다들 배웠을 것이다. 설사 학생이 의도적인 잘못을 했을 경우라도 변화 가능성에 방점을 찍고 학생의 태도 변화를 위해 끊임없이 노력하는 것이 교육이라고 배웠을 것이다. 이것이 너무 이상적인 생각이라고 느껴진다면, 적어도 학교가 힘없고 가난한 학생에게는 너무나 기회가 없고 사회적 지위와 명망을 가진 교사에게는 너무나 많은 관용이 주어지는 불평등한 공간이어서는 안 된다는 점에는 동의할 수 있을 것이다. 학생에게 더 많은 기회가 주어지기 어렵더라도 교사에게 주어지는 만큼의 관용을 학생에게도 주어야 한다는 주장을 부정하기는 어려울 것이다.

지금까지 (징계를 해야 한다는 주장에 별로 동의하지 않아도 어쨌든) 징계를 해 나가는 과정에서 절차적 정당성을 확보하기 위한 최소한의 노력(절차적 지식을 습득하고 관련한 업무를 상상해 보면 어마어마한 업무량이라는 점은 인정하지만)을 하기만 해도, 이야기한 바와 같은 고려 사항들로 인해 징계하기 어렵거나 생각보다 낮은 수준의 징계만이 가능하다는 결론에 도달하게 된다. 그리고 이런 사례에서 학생을 징계하겠다는 생각이 그렇게 교육적인 것은 아니라는 결론에도 도달하게 된다. 이것이 학생인권 관련 제도가 교사의 권한을 견제하는 최소한의 제어 장치로 작동하는 방식이다. 원칙을 제시하고 견제함으로써 교육의 목적을 환기시키고 학생을 교사와 평등하게 존중하는 절차적 장치를 고민하게 하는 것이다.*

---

* 생활지도 고시 시행 이후 바뀐 학생생활규정들에는 강화된 생활지도에 따른 행정적 절차가 추가되어 있다. 휴대전화 사용 허가 신청서, 분리 지도 대장, 일시 분리로 인한 가정학습 실시 학부모 확인서, 교실 밖 일시적 분리 조치에 따른 분리 장소 규칙, 물품 분리 보관 신고서, 물품 분리 보관 확인서, 물품 폐기 확인서 등을 작성하고 관련 대장을 비치해야 함을 명시하고 있다. 교사의 생활지도 권한을 강화한다고 교사의 일이 줄어들지 않는다. 이는 법치주의의 원리다. 권한이 강화되면 그 권한의 남용을 막기 위한 기록과 감독과 견제가 강화되며 이를 위한 업무는 더 늘어나게 된다. 이런 점에서 최근 교권 강화와 관련한 주장들은 권한은 강화하지만 견제는 덜 받는 방식을 추구하는 듯 보여 매우 우려된다.

그럼에도 징계에 대한 제동이 걸리지 않는다면, 징계를 확정하기 위해 학생생활교육위원회라는 절차를 거치게 된다. 학생생활교육위원회는 행정적 차원에서 학생에게 불이익한 처분을 하는 것이므로 더 많은 법률적 제한을 받게 된다. 따라서 각각의 단계에서 절차적인 하자가 발견되면 징계는 무효가 된다. 위원회의 구성은 규정에 맞는지, 위원장의 호선 절차는 적절했는지, 위원회 소집 요건은 갖추었는지, 소집 전 안건이 적절하게 통지되었는지, 개의 요건을 충족하고 의결 요건도 충족했는지 등 따져야 할 것이 너무도 많고 관련한 업무도 정말 산더미다. 특히 징계는 학생의 삶에 직접적이고도 심대한 영향을 미치므로 그 업무의 엄밀성은 매우 높아야 하는 것이 당연하다. 그런데 이런 중요한 업무를 실제로는 대충 하는 학교들이 너무나 많다.

 절차가 많아 힘들다고 호소하는 교사들은 이런 업무 때문에 교사들이 정작 중요한 교육을 할 수 없다고 주장한다. 그 주장에 맞춰 교사들이 교육에 집중할 수 있도록 절차를 간소화한다면 어떤 일이 벌어질까? 교사 혼자서 학생의 잘못에 대해 판단을 내리고 학교봉사와 사회봉사, 특별교육 이수 같은 처분을 내리며, 이에 대한 최종 결재는 사후 교장이 판단하는 형태가 되기도 한다. 마치 영화 〈저지 드레드〉*에서 경찰과 판사 그리고 형 집행관의 업무를 동시에 처리하는 미래의 법관처럼 될 것이다. 이런 엄청난 권한을 교사가 행사한다면 그 권한 남용의 책임은 어떻게 지우며, 어떻게 견제해야 할까?

또 위원회가 적절하게 열린다고 해도 학생의 진술권 보장과 관련하여 해야 하는 일들도 산더미다. 실제로 학생생활교육위원회에서 가장 잘 이행되지 않는 것이 이 부분이다. 위원의 제척 기피 및 회피도 잘 지켜지지 않는 부분이다. 2020년대 초에 학교와 관련한 막장 드라마로 인기를 끌었던 SBS 드라마 〈펜트하우스〉를 보면 학교폭력대책심의위원회를 공개적으로 실시한다든지, 위원회의 토론도 없이 위원장이 판사처럼 징계를 결정하는 등 말도 안 되는 절차가 아무렇지도 않게 나

---

* 대니 캐논 감독(1995). 황폐화된 미래 세계에서 그나마 나은 환경을 찾아 도시에 사람들이 몰리면서 치안이 무너지고 혼란이 발생하자 새로운 엘리트 지배 계급이 등장하고, 이들은 경찰이자 배심원이자 판사 역할을 하는 저지라고 불린다.

온다. 작가가 아무런 취재도 하지 않고 대본을 쓴 느낌이다. 그런데 사회의 많은 사람들이 보는 인기 드라마에서도 이렇게 절차적 하자들이 심하게 드러나고 권한 남용이 일상적으로 벌어지는데, 이에 대해 문제 제기나 고증 오류라는 비판조차 이뤄지지 않고 있다는 것은 사회 대부분의 사람들이 학교의 이런 절차에 대해서 잘 알지 못한다는 의미다. 아마 교사들 중에도 실제 학생생활교육위원회에 들어가 결정 과정에 참여해 본 건 소수에 그칠 것이고, 그 절차를 잘 알고 있는 교사도 많지 않을 것이다. 징계를 받는 학생들은 소수지만, 그들이 부당한 절차로 인해 불이익을 받지 않도록 하려면 적어도 교사들은 모두 이 과정을 잘 알아야 하지 않을까?

딜레마에 빠진 학교

현재의 교육을 그대로 둔 채, 생활지도 고시에 따라 강화된 교사의 권한을 행사하려고 할 때,

학생인권 존중의 원칙에 따라 어떤 점을 고려해야 하는지와 징계가 쉽지 않다는 점을 확인했다. 징계를 하려고 해도 학생의 변화 가능성을 교사와 평등하게 보아야 하고, 교육의 목적을 상기시켜 다른 방식의 생활지도를 고민하게 유도하며, 절차상 인권 존중을 위해 다양한 견제 장치가 작동하므로 행정상 부담이 크다는 점도 확인했다. 어차피 교사의 권한을 행사할 때 학생인권을 존중해야 하므로, 사례가 발생하기 이전부터 학생인권 존중을 교육의 원리로 받아들인다면 어떻게 될까?

사례로 다시 돌아가 처음부터 생각해 보자. 먼저 A 학생과 그 친구들이 기숙사 가까이에서 축구를 할 때 사고 예방을 위해 미리 기숙사 앞에서 축구를 하지 못하도록 지도하는 것이 필요하다. 강당이나 축구장을 이용하도록 안내하고 다른 사람들이 다칠 수 있으므로 조심하자고 설득하는 일이 지속적으로 이뤄져야 한다. 사례에서는 전혀 다뤄지지 않았지만 인권 존중의 관점에서는 매우 중요한 다른 부분도 있다. A와 친구들이 여성혐오적인 욕을 지속적으로 사용하고 있었다는 점이다. 기숙사 앞에서 자유 시간을 보내는 학생 중에는 여학생도 있었을 것이고 남학생 중 그런 욕을 불편해하는 학생도 있었을 것이다. 축구를 좋아하는 여학생도 있었을 텐데 그들이 동참하지 않는 이유도 짐작할 수 있다. 나아가 축구를 남학생들만 한다고 생각하기 때문에 여성혐오적인 욕설이 자연스럽게 이어지는 것인지도 모른다. 또는 여학생들을 무시하고 축구를 할 수 있는 것이 남학생들의 특권인 것처럼 느끼고 있는지도 모를 일이다. 하지만 이에 대한 지도는 사실 전혀 이뤄지지 않았다.

교사의 실수 또는 의도적 배제로 가르쳐지지 않는 것을 가리키는 '영 교육과정'이라는 개념이 있다. 타인의 안전을 고려해야 한다는 점과 여성혐오가 무엇이며 왜 잘못되었는지와 같은 매우 중요한 학습 요소들을 생활지도에서 가르치지 못하는 것은 중대한 실수다. A와 친구들은 축구를 해서는 안 되는 장소에서 다른 학생들의 안전을 위협하고 있었고, 여성혐오적인 언어를 사용하여 주변에 폭력을 행사하고 있었다고 정리할 수 있고, 이런 문제를 가르치지 않은 것이 영 교육과정에 해당한다고 할 수 있다. 나아가 안전과 여성혐오에 대한 부분이 지속적으로 영 교육과정에 머무는 이유에는 관심 부족, 중요성은 인식하고 있으나 여력이 없음, 심하게는 안전과 여성혐오에 대해 문제의식이 전혀 없거나 그래도 된다고 생각함 등이 있을 수 있다. 실제 성평등교육을 해 보면, 여전히 학교에는 성평등 의식에 반감을 가지고 의도적으로 여성혐오적인 언사를 시전하는 교사들이 상당히 많다.

이와 같은 문제의식에 학교 내 구성원들이 공감하고 있고, 안전 불감증과 여성혐오가 설 자리를 주지 않았다면, 애초에 학생들이 기숙사 앞에서 축구를 안 했거나, 축구를 하지 않은 학생들이 안전상의 이유로 A와 그 친구들에게 설득이나 항의를 했거나, 여성혐오적인 욕을 하는 것은 폭력이므로 이를 멈추지 않을 거면 다른 사람들이 듣지 않는 곳에 가서 하라고 요구했을 수도 있을 것이다. 즉, 폭력에 의해 위계화된 학생 사회가 아니라 인권을 중심으로 서로 존중하는 분위기와 관계가 형성되어 있었더라면 그런 위험한 상황을 누구나 제지할 수 있었을 것이고, 쉽게 그 제지가 받아들여졌을 가능성도 크다. 학생 사회가 그와 같이 형성되려면 얼마나 많은 행운과 노력이 뒷받침되어야 하는지 학교에 머물러 본 경험이 있는 사람이라면 다들 알 것이다. 그러므로 이는 매우 이상적인 상황이라 볼 수 있다.

다음으로 기대할 수 있는 변화는, 교사가 인권 존중에 기초한 생활지도를 지속적으로 하는 것이다. 안전에 대한 보다 즉각적인 개입과 여성혐오에 대한 교육적 접근이 이뤄질 것이고, 이에 따라 교사가 임장하고 있을 때만이라도 그런 일이 일어나지 않게 될 가능성이 커진다. 물론 교사가 인권 존중의 생활지도를 하는 것이 현실적으로 어렵다는 점도 인정해야 한다. 여성혐오에 관련한 생활지도를 하려면 일부 학생들의 강력한 저항을 뚫어야 하고, 앞서 언급했듯 성평등교육에 반감을 가지는 여성혐오적인 교사들의 반대도, 그리고 일부 양육자들로부터의 민원까지도 감당해야 하는 것이 현실이기 때문이다. 이미 성평등교육을 실천하는 것 자체가 학교에서 상당한 위험 부담을 안고 있는 상황에서 지속적인 생활지도와 개입이 거의 불가능하다는 점을 인정하면 사실 인권 존중 생활지도는 현실 세계에는 없는 '유니콘'인지도 모른다.

현실적 어려움이 있더라도 의지를 가지고 교사가 B 학생을 인권 친화적으로 생활지도 한다고 상상해 보자. 축구공을 잘못 차서 유리창을 맞힌 것은 위험한 일이니 주의를 주는 것은 맞다. 하지만 주의를 줄 때, 다른 학생들 앞에서 할 것인지 B를 고려하여 따로 불러서 조용히 할지는 판단이 필요하다. 잘 모르겠다면 조용히 불러서 B의 이야기를 들어 보는 것이 인권 친화적이고 안전할 것이다. B가 신빙성이 떨어지는 말을 한다고 생각하면 주변에 있었던 다른 학생들을 조용히 불러서 이야기 나눠야 할 것이다. 하지만 많은 학생들이 방과 후에 나와 놀고 있는 상황이고 이 학생들에 대한 지도도 필요한 상황에서 많은 시간을 B에게 쏟게 되면 다른 문제가 생길 가능성이 크므로 현장을 떠나는 것도 부담이 된다.

이때 다른 교사들 또는 방과 후에 근무하는 교직원들이 더 있다면 그렇게 할 수도 있겠지만, 방과 후에 남는 교직원은 항상 최소한이다. 시간 외 근무를 하고 싶은 교직원은 많지 않고 방과 후에 일하는 교직원을 더 뽑을 예산도 없기 때문이다. 인권 친화적인 교육과 돌봄에는 돈과 사람도 필요하고, 교육과 돌봄에 대한 토론과 합의도 필요하다. 학교의 복잡한 관계 속에서 인권 친화적인 생활지도를 실천하고자 한다는 것은 그냥 인권이 뭔지 알고 있고 그것을 기계적으로 상황에 적용하는 그런 일이 아니다. 앞서 살펴봤듯이 어떤 조치를 진행하면서 최소한의 검토를 할 때도 고려할 사항이 너무나 많고 업무 폭탄이 쏟아진다. 그런데 인권 친화적인 생활지도를 한다면 훨씬 더 많은 고려 사항과 업무가 기다리고 있다는 것을 쉽게 짐작할 수 있다.*

교권을 외치며 교사의 권한을 강화하고 징계를 우선하여 학생들을 겁주거나 불이익을 받지 않으려고 노력하게 하여 어떤 행위를 하지 않도록 하는 생활지도의 방법은, 교육적으로도 바람직하지 않고 법령과 학칙에

---

* 물론 이런 복잡한 현실적 난관이 극복된 상황을 가정하지 않더라도 제시된 사례보다 더 나은 결과를 얻을 수 있다. 교사 ㄱ이 B에게 인권 친화적인 생활지도를 하려고 노력했다면 적어도 연대 책임 방식이 아닌 다른 방법을 찾고자 노력했을 것이며, 결국 C가 반발할 상황 자체가 안 생기거나 보다 덜 반발하는 상황에 이르렀을 것이다. 그러면 화낼 필요도 없고 욕설을 하는 상황도 없었을지 모른다.

따라 인권을 보장하며 진행하려면 그 절차가 복잡하고 업무량이 늘어나 이곳이 학교인지 법정인지 알 수 없는 상황이 되어 버린다. 다른 한편, 인권 보장을 교육의 기본 관점으로 이해하며 생활지도 하는 것이 학교가 교육적인 공간이 되는 길인 것은 맞다. 하지만 이와 관련한 준비를 어떻게 할 것인지 구체적인 정책적 지원이 전혀 없고, 이에 필요한 인력과 돈과 시간이 모두 부족하고 실질적 지원도 없어서 그런 생활지도는 불가능하다. 학교는 딜레마에 빠져 버렸다. 교사의 권한 강화를 통해 학생들에 대한 통제력을 키우려 해 봐도 인권 존중의 원칙상 별 효력이 없고, 학생인권을 교육의 원칙으로 삼으려 해도 현실적으로 불가능하다.

학교에서 고병권 작가와의 대화 행사를 진행하던 중에 어느 학생이 트롤리의 딜레마*를 질문으로 던졌다. 질문을 받은 작가는 어떤 선택을 할 것인지 또는 무엇

---

* 마이클 샌델이 《정의란 무엇인가》에서 언급해 널리 알려진 이 딜레마의 내용을 요약하면 이렇다. "당신은 폭주하는 열차를 다리 위에서 내려다보고 있다. 철로 위엔 5명의 인부들이 작업 중이고, 그 광경을 지켜보는 당신 옆엔 엄청나게 뚱뚱한 사람이 서 있다. 만약 당신이 그 사람을 밀어 철로 위로 떨어뜨린다면 5명의 인부들을 구할 수 있다. 당신이라면 어떻게 하겠는가?"

이 정답인지 학생은 알고 싶어 했다. 하지만 작가는 그런 상황에서 어떤 선택을 하든 괴로울 것이고 문제가 되므로, 그런 상황이 생기지 않게 하는 방법이 뭐냐는 질문이 더 중요한 것 아니겠냐고 답변했다. 교직원과 학생 그리고 양육자들을 딜레마의 상황에 빠뜨리고 어느 쪽을 선택하든 상처를 입게 만든다면 그 질문은 잘못된 질문이다. 학교가 딜레마 상황에 빠지지 않으려면 우리는 무엇을 준비해야 하는가를 물어야 한다.

인권적인 학교가 가능하려면

다음의 사례를 검토하면서, 생활지도 고시가 실제 어떤 효과를 낳는지, 그리고 이로 인해 발생하는 딜레마 상황은 무엇이며 이런 상황을 예방하기 위해 필요한 것들은 무엇인지 고민해 보자. 이 사례 역시 실제 제보된 사례들을 조합하여 재구성하였다.

사례 2

수업 시간에 휴대전화를 사용하다가 걸린 학생 F에 대해 교사 ㄴ이 주의를 한 번 주고, 두 번째에 휴대전화를 압수했다. 이때 ㄴ은 평상시 F가 담배도 피우고 자주 수업을 방해해서 힘들다고 생각한 터였다. ㄴ은 빼앗은 휴대전화를 교사 책상에 기분 나쁘게 던지며, 수업 시간에 휴대전화를 쓰지 말라고 한다. F는 자기 물건을 함부로 던지는 ㄴ의 행동이 기분 나쁘고 화가 나서 휴대전화를 돌려달라고 한다. ㄴ이 주지 않자 F는 ㄴ에게 욕을 한다. 도저히 수업을 할 수 없는 상황이 되자 ㄴ은 F에게 나가라고 하는데 F는 나가기를 거부한다. ㄴ은 이제 생활지도 고시로 인해 분리 조치와 물리적 제지가 가능해졌다며 F의 팔을 잡아끌어 교실 밖으로 내보내고 교무실로 가라고 소리 지른다. 교무실에서 교감과 상담하고 혼자 돌아온 F가 교실로 들어오려고 하자 ㄴ은 몸으로 막으며 제지한다. 다시 쫓겨난 F는 복도에서 기다리다가 창문을 넘어 교실로 들어온다. ㄴ은 자신을 조롱하듯 교실로 들어온 F가 당황스럽다. ㄴ은 F를 거칠게 잡아서 다시 교실 밖으로 끌어낸다. 이 과정에서 몸싸움이 있었고, F는 억울하다며 계속 ㄴ에게 욕하고 문을 발로 차서 부순다. 소리를 듣고 달려온 교감은 F를 다시 데려가고 수업 시간 동안 분리된다. ㄴ은 교권보호위원회를 요청했고, F는 상당한 처분을 받았다.

먼저 생활지도 고시가 교사의 권한 강화를 통해 어떤 효과를 가져오는지 보자. 생활지도 고시에 따르면, 학생이 수업에 방해가 되는 물건을 사용하면 주의를 주고 그래도 사용할 경우 그 물건을 압수할 수 있다. 또 교사가 주의를 주고 물건을 압수하는 과정에서 학생이 물리적으로 문제를 일으킬 때 물리적 제지가 가능하게 되었으므로 ㄴ은 자신의 행동이 정당했다고 주장할 수 있다. F의 수업 방해가 지나쳐서 수업이 더 이상 진행될 수 없을 때 교무실로 학생을 분리하는 것도 가능해져서 ㄴ은 이를 실행에 옮길 수 있었다. 예전에는 F가 욕설을 했을 때 교장에게 상담을 부탁하고 F의 양육자와 이야기를 나누도록 했지만, 이제는 교권보호위원회로 사안을 보내는 것이 법적으로 보장된다고 하니 부담을 덜 느끼면서 F의 징계를 논의할 수 있게 되어서 다행이라고 생각한다.

ㄴ이 생활지도 고시로 인해 휴대전화 압수도 가능

하다고 말하고, 분리 조치도 물리적 제지도 인권 침해가 아니라고 하니, F는 억울하더라도 이제 교권보호위원회에 가서 최대한 잘못했다고 용서를 빌어야 한다고 양육자에게서 들었다. 하지만 F는 뭔가 부당하다는 생각이 들고 그래서 용서를 빌고 싶지도 않다. 제일 기분 나쁜 점은 ㄴ이 휴대전화를 책상에 던지면서 휴대전화를 쓰지 말라고 했던 부분이다. 그리고 ㄴ이 손목을 잡고 자신을 교실에서 끌어낼 때 자신도 존중받아야 할 학생이고, 휴대전화를 쓴 것이 잘못이기는 하지만 특별히 다른 학생들에게 방해가 된 것도 아닌데 왜 이런 대접을 받아야 하는지 이해할 수 없었다. 자신이 ㄴ에게 욕을 한 것은 분명히 잘못한 것이니 벌을 받아야 하는 것은 이해한다. 하지만 휴대전화를 수업 시간에 쓴 것이 큰 잘못도 아니고, 그런 일로 휴대전화를 빼앗아 기분 나쁘게 던질 이유는 없다. 억울한 마음이 드는데 ㄴ이 막무가내로 교실에서 내쫓으니 F는 자신이 억울한 것을 표현할 방법이 욕밖에 없다고 생각했다. 그런 상황에서 자신을 내보낸다고 한들 다른 학생들도 이미 수업을 들을 기분도 아닐 것 같다. 일이 있고 나서

며칠 뒤에 교권보호위원회에 들어갔는데, 한 교사 위원이 휴대전화 압수 전에 주의를 몇 번 했는지 기억나느냐고 묻기도 하고, 교무실로 갈 때 혼자 갔느냐고 묻는데, 왜 그런 걸 묻는지도 모르겠고, 참 쓸데없는 것을 궁금해한다고 생각했다. 자신의 억울함이나 알아주면 좋겠는데 아무도 그런 걸 묻지는 않는 것이 슬펐다. 그리고 휴대전화를 사용했어도 걸리지 않은 학생도 있고, 걸렸어도 자신처럼 심한 대접을 받지 않은 경우도 있었다고 생각하니 더 억울했다.

교권보호위원회에서는 출석정지 10일(1회에 내릴 수 있는 최대치의 출석정지 기간)에 위탁 교육 1개월 처분이 논의되었지만, 징계원칙상 예방적 노력을 우선하는 점과 생활지도 고시에 따라 개정된 학칙이 요구하는 교사의 인권 우호적 조치가 미흡했다는 점이 반영되어 출석정지 10일은 빠지고 위탁 교육 1개월 처분으로 마무리되었다. 다음의 지점들이 판단에 포함되었다.

- 교사가 휴대전화 압수 전에 2회의 주의를 주지 않은 것과 관련하여 목격자들의 진술이 엇갈리고 F의 기억도 분명하

지 않음.
- 교사의 압수 행위에 불필요한 인권 우호적이지 않은 행위 (기분 나쁘게 던지기)가 포함됨.
- 분리 조치 과정에서 지나치게 큰 소리로 지도하여 인권 보장의 원칙을 지키지 않았음.
- 교사의 분리 행위 전에 취한 생활지도(자리에서 일어서게 하기 등)가 없었음.
- 분리 조치도 먼저 교실 문 앞으로 가도록 할 수 있었으나 하지 않고 바로 교무실로 보냄.
- 교무실 이동 시 교직원이 동행하지 않음.
- 교무실에서 다시 교실로 올 때 교직원이 동행하지 않음.

교권보호위원회에 들어갔던 한 교사 위원은 다음의 지점에도 관심을 두고 회의에서 의견을 개진했지만 다수의 위원들의 관심에서 멀어져서 많이 논의되지는 않았다. 하지만 절차적 정당성의 부분에서 간과하기 어려운 부분이었으므로 다시 생각해 볼 지점이 있다.

- 학생이 상담 후 다시 교실로 돌아온 것은 정당한 행위였는

데 학생을 다시 교실에 들여보내지 않은 ㄴ의 행위는 학습권 침해 소지가 있음.
- ㄴ의 행위에 부당함을 느낀 F가 교실로 들어오려고 하는데 막으니까 창문을 넘어 들어온 상황이었지만 이마저도 수업 방해 행위로 볼 수 있는지는 불분명함.
- 교실에서 다시 분리되는 것도 정당성이 의심되는 상황에서 물리적 제지를 하는 것이 정당화될 수 있는지 의문임.

ㄴ은 교사들을 보호하기 위해 교권 강화 차원에서 마련되었다고 알려진 생활지도 고시를 적용하면 수업 방해 행위를 한 학생에 대해 강력한 징계를 할 수 있다고 믿었다. 그러나 이를 실제 적용하면서 발생한 의도치 않은 물리적 제지와 ㄴ의 행위가 F의 반발심을 강화시켰고, 이로 인해 더 과격해진 F의 행동에 ㄴ 역시 강하게 제지한 것이므로 어쩔 수 없는 상황이었다고 생각하는데, 그로 인해 징계는 오히려 어렵다고 하니 ㄴ은 이해할 수 없었다. F의 입장에서도 ㄴ이 너무 싫어졌고 얼굴도 마주치고 싶지 않을 정도의 느낌이 들었다. ㄴ 역시 F가 자신의 권위를 떨어뜨렸고, 수업을

망쳤으며, 수업이 더 힘들어졌다고 생각한다. ㄴ은 교권보호위원회가 자신의 행위에 대해 절차적 정당성을 문제 삼아서 원하던 출석정지 같은 강력한 처분을 해 주지 않아서 별 소용이 없다고 느끼고, F도 교사가 막무가내로 자신을 교실 밖으로 내모는 것처럼 느꼈으며 학교가 예전보다 더 이상해졌다고 생각했고 교사들도 더 싫어졌다.*

이렇게 학생도 교사도 생활지도 고시로 인해 자신이 보호받고 있다고 생각하지 않고, 학교 현장이 나아졌다고 생각하지도 않는다. 어떤 상황이 발생하고 나서야 인권 우호적인 방식으로 처분이나 징계를 한다는 것이 무슨 의미가 있는지도 모르겠다고 느낀다. 이렇게 딜레마에 놓인 상황에서 무엇을 선택해도 누구에게도 도움이 되지 않음을 확인할 수 있다.

* 수업에 참여한 학생들의 입장도 갈릴 수 있다. 사례에서는 F가 수업 방해를 해서 자신들의 학습권을 침해했다고 생각하는 학생들과 그냥 휴대전화를 좀 하게 둬도 큰 문제 없었는데 교사의 지나친 대응으로 수업을 망쳤다고 생각하는 학생들이 있었다. 전자의 학생들은 F를 곱지 않은 시선으로 보고 수업공동체인 학교를 무너뜨리는 학생으로 인식하는 반면, 후자의 학생들은 조금 안타까운 시선으로 보고 학교생활 적응이 힘든 학생으로 인식하는 것으로 보인다.

우리는 인권 침해나 충돌이 일어난 뒤에야 조치를 취하려 한들 이미 많이 늦었다는 점을 인정해야 한다. 징계 과정에서 절차적 정당성을 확보하기 위해서 교무실로 동행할 교직원, 분리 조치 시 지도할 교직원, 각각의 과정에서 해야 할 각종 문서 처리 등 더 많은 인력과 행정력이 필요함도 알게 됐다. 어차피 그럴 바에는 인권 친화적인 교육 환경을 조성하는 일에 그 행정력을 쓰는 것이 보다 예방적이고 교육적이지 않은가? 이는 보건 정책에서 질병 발생 후 치료에 행정력을 사용하기 이전에, 질병을 예방하는 정책에 힘을 쏟는 것이 더 효과적인 것과 같은 이치라고 할 수 있다.

누군가는 징계 과정에서 인권 우호적 조치를 안 해도 되게 하면 되지 않느냐고 반론할지도 모른다. 하지만 우리는 앞서서 「초·중등교육법」 제18조의4에 의해 교사의 권한의 한계가 학생인권임을 확인했다. 또한 학생의 인권을 보장하는 것은 「헌법」으로도, 「교육기본법」으로도 당연히 부여되는 학교의 의무이다. 그래서 학생의 인권을 좀 보장하지 않아도 된다거나, 인권 우호적 조치를 안 해도 되도록 법을 바꾸자고 하는 것은 거의 불가능한 일이다.

따라서 딜레마를 사전에 예방하는 가장 좋은 방법은 선언적으로 제시된 학생인권 보장을 법으로 구체화하는 것이며 이를 위한 정책적 지원과 예산 편성을 법제화하고 실현하는 것이라고 말할 수 있다. 대표적인 예로 교사당·학급당 학생 수 감축을 들 수 있다. 예전에는 전교조를 비롯한 교사단체들이 교사들의 가혹한 노동 환경 개선을 통한 교육의 질 향상이 학생의 교육권을 보장할 수 있다며 학생 수 감축을 주장했다. 학생인권을 주장하는 단체들은 거꾸로 학생의 교육권과 인권 보장을 전면에 내세워 학생 수 감축을 주장하고 이것이 교사의 노동권 보장에도 도움을 줄 수 있다고 이야기한다. 이렇게 보면 교사의 노동권 보장과 학생의 인권 보장은 상호보완적이며 정적正的, positive 관계에 있음을 확인할 수 있게 된다.

이런 생각에 동의하는 사람이 많아지고 그들의 움직임이 학생인권 보장을 위한 법 제도로 결실을 맺게 되어 인권 친화적인 생활지도를 위한 정책적 지원이 이뤄진다면 어떻게 될까? 인권 존중의 원칙 아래 학생과 교사 모두 자신의 잘못에 대해 성찰하고 성장하는 기회를 얻게 될 것이고, 재발 방지를 위한 교육적이고 예방적인 조치를 통해 서로에 대한 지나치게 방어적인 행동들이 줄어들 것이다. 그렇게 되면 이미 벌어진 딜레마적 상황에 대해 어떤 선택을 해도 누구에게도 힘들고 상처가 되는 상황을 예방하기 위해, 앞서 다루지 못했던 다음의 질문들에 대해서 고민할 수 있을지 모른다.

- 교사의 휴대전화 압수를 통해 학생들이 얻는 별다른 교육적 혜택이 없다면 교사는 휴대전화에 대해 어떤 입장을 취해야 하며, 바람직하게 휴대전화를 사용하기 위해 학교는 어떤 지원을 할 수 있을까?
- 담배를 피우는 등 학생다움 또는 정상성을 벗어난 학생들에 대한 인권 친화적 태도는 어떤 것이며 이런 태도를 학교에 확산시키기 위해 어떤 지원이 필요할까?
- 교사가 분리 조치를 하는 상황이 생기지 않도록 학생들이 수업 시간에 과도한 행동을 하지 않게 하려면 어떤 지원이 필요하며, 그런 상황이 발생했을 시에 부적절한 생활지

도를 했다면 교사에게 어떤 교정이나 안내가 가능할까?
- 수업에 참여하기 어려워하는 학생들을 위해서 어떤 정책적 지원이 가능한가?
- 학생들이 휴대전화 이외에도 관심을 기울여 집중할 수 있는 활동을 제공하기 위해 어떤 지원이 가능한가?
- 학생의 과잉 행동을 예방하기 위해 어떤 조치와 지원이 필요한가?
- 교사가 생활지도를 할 때, 자의적 권한 행사를 예방하기 위해 어떤 지원과 조치가 필요한가?

인권은 개인의 권리인 것만은 아니다. 개인 간의 권리가 충돌할 때 어떤 권리가 더 우선하는지, 어떤 권리가 공공선을 위해 어떤 절차로 제한되어야 하는지 등 사회 질서 또는 사회 체계를 통해 인권이 존중되는 환경을 조성해야 한다는 사회적인 권리이기도 하다. 그 바탕에는 모든 사람들이 때로 잘못을 저지르고 불완전하지만 그 자체로 존엄하며 존중받아야 하고, 또 그런 존엄함을 위해 사회가 어떠해야 하는지 정답은 모르지만 답을 찾아 나갈 수 있다는 믿음이 깔려 있다.

학교에서도 인권의 원칙이 지켜진다는 것은 교직원, 학생, 양육자 모두 때로 잘못을 하는 불완전한 존재이고 따라서 서로에게 의존하기도 하고 때로는 피해를 끼칠 수밖에 없는 존재들이라는 점을 인정한다는 것이다. 서로가 서로에게 자신을 부당하게 대우하지 않도록 요구하고 대화를 통해 그렇게 할 수 있는 사회 질서를 함께 만들어 가는 과정 자체가 인권의 원칙이 지켜지는 학교다. 자신의 권리가 어떤 침해도 받지 않는 상태인 학교는 유토피아, 즉 어디에도 없는 곳이다. 그렇다면 부당한 처분에 어떤 항변도 하지 못하는 학교보다는, 그 부당한 처분에 불완전한 형태로라도 항의할 수 있고 그 과정에서 더 좋은 길을 함께 찾아낼 수 있다는 믿음에 바탕하여 논의할 수 있는 학교가 더 인권적이다. 또한, 그 불완전한 방식의 항의를 응보적 방식으로 처벌하는 것보다는 그런 행동이 일어난 원인은 무엇이고 그런 일이 다시 생기지 않도록 학교 구성원 모두가 성찰하고 돌아보는 것이 더 인권적인 학교라고 생각한다. 인권적인 학교가 가능하려면 학교에 인권의 원칙이 천명되고 이를 바탕으로 구체적이고 실질적인 지원을 가능하게 하는 학생인권법을 비롯한 법률적 지원이 필요하다는 점을 다시 한번 강조하고 싶다.

민주적인 규칙과
학생인권이 필요하다

조영선

 기준에 따라, 사람에 따라 다를 수 있는 금지된 행동의 목록과 징벌 체계의 목록으로 구성된 현재의 생활지도 시스템의 대안은 무엇일까? 사람이 살아가는 데는 다양한 층위의 규범이 존재한다. 지켜야 할 매너를 교육하고 홍보해서 문화를 만들어 가는 단계의 규범, 법규 수준의 강제 조항과 처벌을 통해 다른 사람의 인권을 침해하지 않도록 하는 규범, 그리고 지역이나 공간의 문화에 따라 특수하게 만들어진 규범도 있다. 이러한 규범들은 각각의 위상과 역할에 따라 규범으로서의 생명력을 갖는 방식도 달라져야 할 것이다. 무엇보다도 이 규범들이 살아 있기 위해서는 '타인의 존재'를 감각하는 것이 필요하다. 즉, 누군가와 함께 공동체를 이루고 살아가야 한다면 그 타인이 누구인지, 나와 비슷하게 느끼는 것은 무엇이고 다르게 경험하는 것은 무엇인지, 다른 사람의 어떤 행동이 나에게 치명적인 영향을 미치는 것처럼 그 사람이 나의 어떤 행동을 크게 받아들이는지 감각할 수 있는 과정이 필요한 것이다. 그래야만 자유에 대한 감각과 경계도 살아날 것이다.

민주 시민으로서 타인을 존중하는 삶의 감각을 배우기 위해서는 타인을 다양하게 경험하고 느낄 수 있는 기회와 여지가 있어야 한다. 이를 위해서는 교사라는 한 사람의 지시를 통해 질서가 유지되는 것이 아니라, 각자가 자신의 의견을 낼 수 있고 상호 견제와 균형을 통해 안전을 확보할 수 있는 시스템이 필요하다. 즉, 인권을 존중하는 생활교육의 핵심은 학생들이 민주적인 시스템으로 운영되는 학교생활을 통해 스스로를 존중하고 타인을 존중하는 민주 시민으로서의 소양을 익히는 것이다. 그런데 지금의 학교는 학생들에게 참여권도 입법권도 실질적으로 주어지지 않은 채, 학생들은 사법적인 학칙의 대상으로만 존재하며 이는 교사라는 인격을 통해 구현되고 집행된다. 그러다 보니 교사들이 인권 감수성을 제대로 갖고 있지 않은 경우에는 마치 폭력적인 공권력과 같은 모습을 띠게 되고, 이것이 모멸감과 인권 침해로 다가오면 학생들이 교사를 공격하는 양상을 유발하기도 한다. 따라서 학생들이 인권 침해를 당했을 때, 특히 교사에게 인권 침해를 당했을 때 구제를 받을 수 있다는 것, 인권 침해 행위자가 책임을 진다는 것을 학교 시스템을 통해 배울 수 있는 것이 중요하다.

이러한 민주적인 학교에서 필요한 것은 학생에게 '걸리면 안 되는 행동'을 알려 주는 것이 아니다. 학생 스스로 판단했을 때도 '해서는 안 되는 행동'이 무엇인지, 이것은 어떤 과정을 통해 합의할 수 있을 것인지에 대한 질문일 것이다. 다른 사람에게 피해를 주지 않고 스스로 자신의 행동을 돌이켜 볼 줄 아는 생활 원리를 익히는 것은 '모두가 동의하는 사항'을 마련하기 위해

'원칙에 관한 토론과 적용의 과정'을 '구조적 변화와 동반하여' 진행할 때, 비로소 가능할 것이다. 이렇게 맥락에 대한 토론이 가능하려면 지켜야 할 규칙은 '금지 행동'의 언어보다는 '원칙'의 언어여야 한다. 모든 행동에 대한 금지 규정을 만들면 그 하나하나에 대해 토론할 여지도 없고 각각에 맞는 벌을 줘야 하게 되기 때문이다.

우선 '모두가 동의하는 사항'에 대해 규칙을 세우려면 그 행동이 왜 문제인지 모두가 토론하여 인정하는 과정이 선행되어야 한다. 그런데 상황마다 사람들의 판단이 모두 다를 수 있기 때문에 모두가 동의할 수 있는 규칙은 타인에 대한 폭력 등 몇몇 영역으로 최소화될 확률이 높다. 따라서 이러한 과정을 거치면 자율적 행동의 영역이 최대화된다. 처음에는 이런 모습이 규칙이라는 질서가 없는 아노미 상태처럼 느껴질 수도 있겠지만, 학생들 입장에서는 스스로 자기 행동을 성찰할 수 있는 기회를 갖고 점검하면서 자신과 타인의 인권에 대한 감수성을 높일 수 있는 기회가 될 수 있다. 즉, 학칙이나 벌점 목록에 나온 세세한 규칙만 지키면 되는 것이 아니라, '나는 괜찮나? 우리 반 동료는 괜찮나? 선생님은 괜찮을까?' 이런 안부를 묻는 질문들 속에서 자신의 행동을 성찰하게 되는 것이다.

민주적인 규칙을 어떻게 만들 것인가

물론 규범이 필요한 상황은 있다. 이때에도 규범으로서의 생명력을 갖기 위해 지켜져야 할 첫 원칙은 '구성원 상호 간의 약속'이라는 점이다. 한쪽의 입장만으로 규칙을 만들 때, 그것은 규칙이 아닌 명령이 된다. 국가에서 법을 만들 때, 국민의 의견을 반영하는 국회라는 기관을 두는 것도 간접적으로나마 국민의 뜻을 모아 법을 만들기 위해서이다. 이처럼 학생들이 스스로 필요하다고 느끼는 것을 바탕으로 합의하여 규범을 만들어야 한다.

규범의 두 번째 원칙은 '누구에게나 예외 없이 적용된다는 것'이다. 대개의 학교 규칙들은 학생들에게만 적용되고, 학생들만 지키도록 설계되어 있다. 학칙의 내용 역시, 꼭 그 자체로 지켜야 할 내용보다는 허락받아야 할 것을 허락받지 않았을 때 문제가 되거나, 교사는 할 수 있지만 학생에게는 금지된 것들(두발·복장의 자유, 휴대전화 규정 등)이 많다. 이런 상황은 학생들에게 늘 규칙의 예외를 보여 주고, 학생들은 그러한 규칙에 의문을 품게 된다. 따라서 학칙이 교사, 학생, 학교 관리자, 교직원 등 학교 구성원 모두가 같이 지켜야 할 것이 될 때, 규범으로서의 생명을 갖는다고 할 수 있다.

세 번째 원칙은 그 행동이 '누구의 눈에 보기에도 명확한 객관성을 가진다는 것'이다. 예를 들어, '교사의 정당한 지시를 불이행한 경우'는 어떤 행동이 여기에 해당하는지 객관적으로 판단하기가 어렵다. 이런 기준으로는 합의에 의해 없어진 규칙도 교사가 지시하면 부활할 수도 있기에 더욱 문제다. 가령 수많은 공론화와 절차를 거쳐 두발 규제 조항을 없애도 그 이듬해 이를 존중하지 않는 교사들은 학생에게 "머리 스타일이 그게 뭐야?"라고 말하곤 한다. 어떤 교사는 규칙이 없어도 자체적인 생활지도를 할 수 있다며 머리를 염색한 학생에게 불이익을 주기도 한다. 학생이 "우리 학교는 작년에 두발 규정 없앴는데요"라고 하면, "어디서 말대꾸야?"라는 반응이 돌아오고 교권보호위원회에 회부되기도 한다. 이러한 과정에서 학생들은 의견을 수렴하여 합의하는 과정 자체가 무력화되는 경험을 하고, 민주적 질서에 대한 신뢰를 잃게 될 것이다.

규범을 논의하는 과정에서는 '문제행동의 기준을 공유'하게 된다. 결국 원칙을 공유한다는 것은 학생 입장에서도 이것이 문제인지를 살펴보고 그 기준을 합의한다는 것이다. 이를 위해서는 문제행동의 기준을 가지고 학생들과 교사들이 끊임없이 토론하는 과정이 필요하다. 학교의 규칙이 서로 다른 타인과 공존하는 공동체를 위한 규칙이라는 것이 공감받고 하나의 기준으로 자리 잡을 수 있으려면, 이 공간이 각자의 인권이 보장되는 공간이라는 전제가 공유되어야 한다. 각자의 인권이 보장되는 전제 아래서 나의 인권을 보장받기 위해서라도 규칙이 필요하다는 합의에 도달할 수 있을 것이기 때문이다. 학생들도 다른 사람의 인권을 침해하는 것이 잘못의 기준이 된다는 것을 내면화할 수 있을 때, 교사 또는 힘 있는 누군가의 말을 안 들었기 때문에 벌을 받는 게 아니라, 내 행동이 다른 사람의 인권을 침해했기 때문에 문제가 된다는 것을 받아들일 수 있을 것이다.

'금지 행동'의 언어로 강제 규정으로 남길 수 있는 것은 학교 밖 사회에서도 형사적으로 제재받는 것들 정도일 것이다. 그 나머지 영역에 대해서는 그런 규율보다는 '나와 다른 사람의 인권을 존중한다는 게 어떤 것인가?' 묻고 이를 잘 지키기 위한 원칙을 공유하고 토론할 수 있다. 학생들 스스로 생각하고 판단하게 한다는 면에서 정해진 규칙을 준수하도록 하는 교육보다는 원칙이 살아 있는 교육이 규칙에 생명력을 불어넣는다. '문제행동'이 아니라 '문제 상황'으로 접근하다 보면, 그 행위를 한 당사자뿐 아니라 영향을 받은 다른 사람들을 포함한 그 공동체 전체가 그런 문제 상황이 재발하지 않도록 어떤 노력을 기울여야 할지 논의하고 참여할 방법을 찾을 수 있을 것이다.

실제 많은 학교나 학급에서 새 학기가 시작되자마자 규칙을 만들고 그것을 지키게 하는 데 집중한다. 그러다 보면 학생들이 규칙을 만드는 데 참여했다고 해도 맥락에 대한 판단은 교사에게 의존하게 된다. 오히려 규칙을 만들지 않고 3월 내내 '모든 구성원은 인권이 있고 우리는 서로 인권을 존중해야 한다'는 원칙을 공유하고 '서로의 인권을 존중하기 위해서 어떻게 행동해야 될지 토론하는 활동'을 할 수도 있다. 물론 학생들은 여전히 교사에게 판사의 역할을 요구하겠지만, 이때 교사가 '너의 인권이 왜 침해당했다고 느꼈니?'라고 묻고, 상대 학생에게는 '이 학생의 말에 대해 어떻게 생각하니? 이 문제를 어떻게 해결하면 좋겠니?'라는 질문을 던지면 학생들 스스로 이에 대해 생각해 볼 기회를 가질 수 있을 것이다. 이러한 과정에서 학생들 각자가 자신의 입장을 설명하고 타인의 입장을 경청하면서 어떤 지점에서 서로의 생각이 같고 다른지 생각해 볼 수 있을 것이다. 그리고 이렇게 할 때 존재를 받아들이는 인권의 언어가 살아 숨쉴 수 있다.

이런 관점에서는, 교사에 대한 도전으로 일컬어지는 "왜요?", "왜 저한테만 그러세요?" 같은 질문은 여러 가지 시사점을 준다. "왜 저한테만 그러세요?"에는 다른 힘 있는 사람의 행동은 용인되는데 왜 나의 행동만 징벌의 대상이 되는가 하는 억울함이 담겨 있다. 이것은 이 공간에서 아직 인권이 보편적으로 보장받지 못하고 있거나, 적어도 그 학생이 자신이 충분히 존중받지 못한다고 목소리를 내는 것이라고 해석할 수 있다. 따라서 왜 나한테만 그런다고 생각했는지 충분히 문제를 제기하고, 문제가 개선될 여지가 있을 때 자신의 행동에 대해 성찰해 볼 기회도 생길 것이다. "왜요?" 역시 교사의 판단과 지시에 도전하는 행동이 아니라, 교사의 의도를 묻고 답변을 듣는 과정에서 상대방 입장을 이해할 기회가 열리는 질문이라고 할 수 있다. 이는 인권의 기준에 대해 학습하는 경험으로 이어질 수 있다.

학교 규칙

- 학교의 구성원들이 모두 존중하고 배려한다.
- 어떤 정도의 폭력도 용납하지 않는다.
- 그리고 갈등이 생기면 외면하지 않고 문제를 해결하려는 자세를 갖는다.
- 비판은 건전하고 공정한 해결책을 찾는 데 목적이 있다.

개별 세부 원칙

- 학생이 지켜야 할 원칙 : 폭력 사용하지 않기, 객관적으로 해결점 찾기, 수업을 방해하지 않기, 학급공동체를 모두에게 열려 있도록 통합하기 등
- 학부모가 지켜야 할 원칙 : 자녀의 인격적·사회적 발전을 장려하기, 학교 일에 능동적으로 참여하기 등
- 교사가 지켜야 할 원칙 : 전문성 있는 수업 하기, 학생에게 적절한 도움 주기
- 관리자가 지켜야 할 원칙 : 구성원의 이해를 공정하게 조정하기*

이것은 독일 하이델베르크 김나지움의 학교 규칙이다. 모두가 지향해야 할 공동의 원칙과 각 주체들이 자신의 역할에 따라 지켜야 할 세부 원칙으로 이루어져 있다. 일상생활에서 또는 문제 상황이 생겼을 때에도 이러한 원칙하에 해결책을 찾고, 개별 세부 원칙에 따라 참여하며 대안을 찾는다. 모든 행위마다 규칙이 있

---

* 서울시교육청(2012), 〈외국의 생활규정 들여다보기〉 중에서 발췌했다.

는 게 아니라 이런 일반 원칙과 주체가 지켜야 할 개별 세부 원칙 속에서 교사, 학생, 양육자가 어떤 상황이 문제인지, 아닌지, 어떻게 문제를 해결할지에 대해서 논의하는 것이다. 이러한 접근은 학생의 입장에서도 문제 해결을 위해 의견을 내고 주체로 서는 과정이 제도적으로 정착해 있음을 전제로 할 때 가능하다.

이렇게 규율을 만드는 사람과 지키는 사람, 그리고, 지키게 하는 사람이 구분되는 것이 아니라 공동의 원칙 속에서 서로 협력하고 토론하여 문제를 해결하는 구조가 될 때, 교사 한 사람이 학급 구성원 모두의 행위를 끊임없이 감시하고 처벌하는 책임에서 벗어날 수 있을 것이다.

교사에게도 학생인권법이 필요한 이유

교사가 학생의 문제행동을 자의적인 기준에 따라 판단하는 권력을 독점하고 있는 상태에서는 그 결과에 대한 책임도 오롯이 교사의 몫으로 돌아갈 수밖에 없다. 따라서, 학생의 행위가 인권 침해인지 아닌지, 교사의 교육 행위가 인권 침해인지 아닌지 함께 결정할 수 있어야만 교사의 부담도 줄어들 수 있다.

한 교사의 죽음이 일어나고서야 교실의 어려움이 우리 사회에서 '공론화'되었듯, 학교에서 '공론화'는 그만큼 어려운 일이다. 문제를 함께 논의하고 처리하지 않고 덮으려고 하는 것은 학교의 오랜 문화다. 한 교실에서 일어난 문제는 비단 그 교실만의 문제가 아님에도 불구하고 마치 문제가 없었던 것처럼, 아니 없는 것처럼 조용히 처리할 것을 요구받는 사람 또한 교사이다. 학생인권의 제도화는 학교에서 매시간 일어나고 있는 갈등을 교사 혼자 봉합하려 하지 말고, 드러내서 이야기하는 구조를 만들자는 것이다. 학생들 개개인의 인권을 보장할 수 있는 기본 토대와 보편적 기준을 만들고, 그에 따라 인권 침해가 무엇인지 다룰 수 있는 기구가 생겨 그러한 시스템 속에서 교사가 해야 할 역할들을 안전하게 해내자는 것이다.

그러기 위해서는 우선 교사가 모든 학생의 행동을 통제하는 것은 독재 시절에나 가능했던 일이라는 사실을 선언하는 것이 필요하다. 이제 누구도 누구의 행동을 강제적으로 통제할 수 없다는 원칙이 통할 때, 현재 교사에게 부과되는 무한 책임도 시스템에서 보호하는 감당할 만한 책임으로 조정될 수 있을 것이다. 또한 학교에서 해도 되는 것과 할 수 없는 것 사이의 정확한 경계가 있을 때 교사들도 안전한 노동을 할 수 있다. 이러한 면에서 학생인권법은 교사의 정당한 교육활동의 범위가 어디까지인지에 대한 분명하고 안전한 경계가 될 수 있다.

또한 학생인권법은 민원이나 법적 분쟁을 줄일 수 있다. 학생인권법에서 학생인권 실태 조사를 의무적으로 실시하도록 한 것은 늦지 않게 문제를 확인하고 대책을 세우기 위해서이다. 학내에서도 학생회 등이 주기적으로 학생인권 실태를 조사해서 현황과 대책에 대해 즉시 논의하는 분위기가 형성되고 해결 가능하다는 신뢰가 생기면 신고나 고소로 이어질 확률도 줄어들 것이다. 현재는 아동학대나 성 비위에 대한 처벌만 강화되어 있다 보니, 학생인권 침해에 대한 모든 민원이 그쪽으로 쏠리는 경향도 존재한다. 따라서 학생인권 전반에 대해 구제할 수 있는 제도가 마련되어야 한다. 학생인권조례에서 인권센터나 학생인권옹호관 등의 기구 설치를 의무화한 것도 이러한 이유에서다. 학생의 입장을 충분히 고려하여 피해를 판단할 수 있는 행정 기구를 둠으로써, 모든 사건이 사법 기관으로 가게 되는 문제를 예방할 수 있다. 이런 면에서 학생인권 침해 구제 기구는 학생뿐만 아니라 교사를 위해서도 필요하다.

학생인권법은 일각의 오해와 달리 교사 개인을 처벌하기보다는 학교와 교육 당국 차원의 시정·개선 조치에 더욱 초점을 맞추고 있다. 학생인권 침해 행위는 한 교사의 인권 감수성이 부족해서 일어나는 문제가 아니다. 그 교사가 속한 학교나 교육청에도 그런 행위가 용인되는 문화를 만든 책임이 있다. 학생인권옹호관은 학교나 교육청에서 이런 문제가 재발하지 않도록 인식 개선을 위한 연수, 제도의 개편 등을 요구하고 권고할 수 있다. 이는 교육 기관에서 일어난 인권 침해는 개인의 일탈 행위를 넘어 공동의 책임이라는 메시지를 전달하여 교육 문화 전체를 바꿔 나갈 수 있을 것이다.

2024년, 학생인권법이 발의되자 일부 교사단체는 우려를 표하기도 했다. 우려 중에는 학생인권위원회에 교사, 교육전문직 외에도 교육 현장에 대한 이해도가 떨어지는 사람이 위원으로 포함된다는 내용도 있었다. 하지만 모든 국민은 학교교육이라는 공교육 체계에서 성장하고, 공교육은 우리 사회의 공적인 사안이다. 그런데도 시민들을 교육 전문가가 아니라며 배제하는 것이 정당할까? 만약 이러한 우려가 직업적인 교사만이 교육활동의 정당성을 이해할 수 있고 교사만이 교육활동을 결정, 판단할 수 있다는 전제를 두고 있다면, 인권의 보편성과 교육의 공공성을 고려하지 않고 있는 것이다. 그런 교육활동이라면 그 정당성을 보편적으로 이해시키고 인정받을 수 있는 가능성은 오히려 더 줄어들 것이다.

실제로 교권 강화를 위해 나온 법들은 교사의 '정당한 교육활동'에 대해 아동학대의 책임을 묻지 않도록 하고 있다. 하지만 여전히 그 기준은 모호하기만 하다. 정당성의 기준을 교사만이 판단할 수 있다고 주장한다면, 그 정당성을 우리 사회에서 광범위하게 인정받기는 더 어려워질 것이다. 학교에서 벌어지는 많은 갈등과 분쟁은 교육활동의 정당성을 판단할 사회적 기준이 합의되지 않은 탓이 크다. 지금 필요한 것은 어떤 것이 정당한 교육활동인지, 교사만이 아니라 학생과 양육자, 공직자와 시민들이 함께 논의하고 합의해 나가는 과정이다. 오히려 학생인권법이 제정되어 학생인권의 기준이 확립된다면, 교사의 교육활동의 정당성도 보다 보편적인 설득력을 가질 수 있을 것이다.

학생인권법이 기대하는 것은 결국 교사든 학생이든 공교육 기관에서 기본적인 인권의 원칙이 지켜지면서 배우고 가르칠 수 있는 학교를 만드는 것이다. 학교가 이렇게 변화하면 민원 제기나 법적 분쟁도 줄어들 수 있다. 아직까지도 학생들은 어느 지역인가, 사립인가 공립인가 등등에 따라 다른 기준의 학칙을 적용받는다. 교사 역시 지역 또는 학교 분위기에 따라 자신의 교육활동이 긍정되기도 하고, 부정되기도 한다. 인권 침해를 하지 않기 위해 노력하는 일이 어느 학교에서는 인정되고, 다른 학교에서는 학생을 방치한다는 비난을 듣고 민원 대상이 된다.

정당한 교육활동은 학생의 인권을 침해하지 않아야 한다. 교사의 교육활동의 사회적 정당성을 학생인권의 기준을 분명히 함으로써 확보하고, 학생들은 어느 학교에 다니든 동일한 인권의 기준에 따라 존중받으며, 이를 바탕으로 양육자들을 포함해 학교 구성원이 서로 신뢰하는 학교, 이것이 학생인권법이 그리는 학교의 모습이다. 그리고 그런 학교를 만드는 것이 교사에게 '생활지도권'이란 이름으로 광범위하게 자의적 권한을 부여하는 것보다 더욱 바람직한 길이다.

가장 멀어 보이는 길이 가장 지름길이다

그럼에도 불구하고 여전히 많은 교사가 이러한 해법이 너무 이상적이라고 여기며, 실제 학교에서 당장 적용 가능한 현실적인 대안이 있느냐는 질문을 한다. 하지만 이런 모습은 2012년 체벌 금지가 이루어졌을 때에도 마찬가지였다. 학생에게 폭력을 행사하는 것을 금지하자, 폭력 외에 다른 대안이 있느냐는 질문을 했던 것이다. 프랑스 애니메이션 〈프린스 앤 프린세스〉*에는, 문이 잠긴 성에서 공주를 구출하려 다양한 시도를 하는 왕자의 이야기가 나온다. 여러 시도 끝에 공주를 나오게 한 것은 결국 공주에게 그 좁은 공간에서 외롭게 지내지 말고 나와 함께 하지 않겠냐고 정중하게 부탁하며 설득한 오랜 시간이었다. 만약 '현실적인 대안'이라는 것이 교사의 말이 즉각적으로 학생에게 관철되게 만드는 것이라면 그런 대안은 없다. 인간의 삶에서 일어나는 대부분의 일이 그러하듯 학교 구성원들이 다양한 삶의 맥락에서 빚어지는 갈등과 해결 방식을 배우고, 자신의 안전을 위해서라도 타인에게 존중해야 할 경계를 배우는 것이라면, 그러한 대안은 찾을 수 있을 것이다.

인간이 서로 소통하는 도구로 사용하는 것은 '언어'이다. 왜 그 행동이 문제가 되는지 이해할 수 있도록 이야기하고, 그에 대한 어떤 책임을 져야 하는지 느끼고 소통할 수 없다면 무엇으로 배울 수 있겠는가? 하지만

---

* 미셸 오슬로 감독(2000), 프랑스의 실루엣 애니메이션 영화.

우리나라의 교육 관행에서 '대화'와 '상담'은 상대적으로 덜 중요하게 다뤄져 왔다. 물론 학교 현장에서 대화와 상담은 일상적으로 이루어진다. 하지만 이때 주된 발화자는 교사이다. 교사가 판단하기에 옳은 것을 학생들에게 이야기하고, 학생이 납득되지 않을 때 질문을 하거나 반대 의견을 말하는 것은 교사의 지시에 불응하는 것이 된다. 이러한 의미에서 학교에서의 '대화'와 '상담'은 대개 상호소통이라기보다 지시와 복종에 가깝다. 지시에 따른 복종이 이루어지지 않을 경우 즉각적으로 벌을 주는 징계권이 사용되고, 상담의 끝은 결국 교사의 지시가 관철되는 것이다.

사람을 설득하기 위해서는 왜 그 지시를 따르지 않는가 또는 교사가 말하는 가치가 당사자에게 왜 의미 있게 들리지 않는가에 대해 소통될 수 있어야 한다. 하지만 역설적으로 강제적으로 복종하게 할 수 있는 수단이 있다면 이렇게 대화를 지속해야 할 필요가 없어져 버린다. '야, 선생님 말 안 들으면 벌점이야'라고 해 버리면 상황이 종료되는데 누가 끈기 있게 말 걸기를 하겠는가? 학생들 입장에서도 도저히 수용할 수 없으면 벌점을 받거나 교사의 요구에 따라 주고 만다는 심리가 생길 수밖에 없다. 결코 전쟁까지는 가지 말자는 합의가 있을 때, 절대 폭력은 쓸 수 없다는 전제가 있을 때 역설적으로 대화가 지속될 수 있는 동력이 생긴다. 대화와 상담에 대한 연수가 넘치지만 이것이 해결책으로 진지하게 고려되지 않는 것은 결국 교사의 말을 듣지 않았을 때 학생에게 강제적으로 벌을 줄 수 있다는 학교의 조건 때문이다. 교사의 지시가 정당하지 않은지에 대해 판단할 여지 없이 교사의 모든 지시를 정당한 것으로 해석하는 학교에서 '교사 지시 불이행'이라는 징계 조항이 있는 한, 서로의 입장에 대해 토론하고 설득하는 교육은 들어설 자리가 없는 것이다.

흔히들 어린이·청소년은 논리가 없고 미성숙하여 이유를 말하지도 않고, 어른의 말을 듣지도 않는다고 한다. 그런데 자기가 한 행동의 이유를 설명할 수 있는 것은, 누군가에게 자신의 욕구를 이해받고 그 욕구 자체는 당연하다는 것을 이해받았을 때이다. 자신의 욕구가 타인을 해치지 않는 범위 내에서 추구돼야 함을 배우는 일 역시 먼저 자신의 존재와 욕구를 인정받았을 때 가능한 것이다. 하지만 우리 사회에서 어린이·청소년을 둘러싼 언어는 모두 그들의 취약점으로 그들의 행동을 설명하는 논리로만 가득하다. '인간 행동의 바람직한 변화'라고 정의되는 교육의 현장에서는, 이러한 취약점이 마치 부당한 대우를 받아들여야 하는 필연적인 이유인 것처럼 간주되는 경우가 많다. 청소년들의 말은 이런 조건 때문에 더더욱 잘 경청되지 못하고 이해받지 못하는 말처럼 들리는 것이다. 정보와 자원이 제한되어 있고, 자신의 존재를 인정하는 언어가 없는 사회 속에서 살아가는 청소년들이 하는 이해하기 어려운 말을 들었을 때, 사회가 해야 할 일은 그들의 삶이 처한 맥락을 이해하려는 시도다. 이렇게 어린이·청소년이 처한 맥락을 이해하려 하고 대화하려는 노력 없이, 그들에게 지시하는 말하기를 교육이라고 여기는 상황에서, 그런 방식의 교육은 당연히 무력할 수밖에 없다.

결국 어린이·청소년들, 학생들에 대한 폭력의 역사는 '때려서라도, 강제적으로라도 가르칠 것은 가르쳐야 한다'는 전제에서 반복되어 왔다. '때려서라도'라는 말이 희미해졌다고 해도 그 방식이 달라졌을 뿐, 강제적인 수단을 써서 학생들을 규율하고 통제하는 것이 교육이라는 믿음은 바뀌지 않았다. 이 전제가 완전히 없어질 때만이, 왜 학교에서는 소통이 잘 되지 않는 걸까 하는, 진정한 질문이 시작될 수 있을 것이다.

저자 소개

하영 어린이에 대한 차별이 세상 곳곳의 억압과 연결되어 있다고 믿습니다. 학교를 벗어나고 싶었던 어린 저는 교사로 학교에 돌아왔습니다. 삶을 미래로 유예하지 않고 지금을 잘 살아 낼 수 있도록 어린이들의 삶을 바라보고 그 곁에 함께할 수 있는 존재가 되고자 청소년인권운동과 함께하고 있습니다. 비판적 어린이학에 토대를 두고 공부와 연구를 하고 있습니다.

조영선 서울의 고등학교에서 교사로 살고 있습니다. 학생인권을 만나 '내 안의 꼰대스러움'으로부터 해방되면서 '학교에서 살아가는 힘'이 커지고 있습니다. 학교에서 좌충우돌하는 것을 귀찮아하지 않는 괜찮은 교사, 아니 '괜춘한 인간'이 되고 싶습니다.

조경미 실질적인 교육 현장의 변화를 위해 목소리 내고 움직이는 것을 지향하는 '통합교육 다모여'에서 활동하고 있습니다. 장애 학생에 대한 이해와 지원 대신 비장애인 중심주의적으로 장애 학생을 교실에서 쫓아내는 식의 생활지도에 관한 문제의식으로 글을 작성했습니다. 말뿐인, 형식적인 통합교육이 아닌, 모두를 위한 통합교육이 필요합니다.

이윤승 수학에서는 충분하다는 표현으로 'sufficient'를 씁니다. 더 이상 필요 없다는 뜻의 'enough'와 달리, 'sufficient'는 더 커져도 좋은 상태입니다. 학생의 인권이 이 정도면 충분하지 않냐는 사람들이 있는데, 인권이 충분하다고 할 때도 'sufficient'를 써야 하며, 더 나아가기를 멈추는 일은 없어야 할 것입니다. 이런 마음으로 학교 안팎에서 활동해 왔고 글을 쓰고 있습니다.

새시비비 교사가 선한 의지를 가지고 가르친다는 가정에 의문을 품고 있는 교사입니다. 성평등한청소년인권실현을위한전북시민연대와 청소년인권운동연대 지음에서 활동하고 있습니다.

교육공동체 벗

교육공동체 벗은 협동조합을 모델로 하는 작은 지식공동체입니다.
협동조합은 공통의 목적을 가진 사람들이 모여서 만든
권력과 자본으로부터 독립된 경제조직입니다.
교육공동체 벗의 모든 사업은 조합원들이 내는 출자금과 조합비로 운영됩니다.
수익을 목적으로 하지 않기에 이윤을 좇기보다
조합원들의 삶과 성장에 필요한 일들과
교육운동에 보탬이 될 수 있는 사업들을 먼저 생각합니다.
정론직필의 교육전문지, 시류에 휩쓸리지 않는 정직한 책들,
함께 배우고 나누며 성장하는 배움 공간 등
우리 교육 현실에 필요한 것들을 우리 힘으로 만들고 함께 나누고 있습니다.

조합원 참여 안내

출자금(1구좌 일반 : 2만 원, 터잡기 : 50만 원)을 낸 후 조합비(월 1만 5천 원 이상)를 약정해 주시면 됩니다. 조합원으로 참여하시면 교육공동체 벗에서 내는 격월간 교육전문지 《오늘의 교육》과 조합통신을 받아 보실 수 있습니다. 출자금은 종잣돈으로 가입할 때 한 번만 내시면 됩니다. 조합을 탈퇴하거나 조합 해산 시 정관에 따라 반환합니다. 터잡기 조합원은 벗의 터전을 함께 다지는 데 의미와 보람을 두며 권리와 의무에서 일반 조합원과 차이는 없습니다. 아래 홈페이지에서 조합 가입 신청을 하실 수 있습니다.

홈페이지 communebut.com
이메일 communebut@hanmail.net
전화 02-332-0712
팩스 0505-115-0712

교육공동체 벗을 만드는 사람들

※하파타순

후쿠시마 미노리, 황지영, 황경일, 황정원, 황이경, 황윤호성, 황영수, 황unisex, 황규선, 황고운, 홍지영, 홍정인, 홍승희, 홍순성, 홍성근, 홍성구, 홍서연, 현복실, 허창수, 허윤영, 허성실, 허성regarding, 허보영, 허장영, 함걸순, 함영기, 한학봄, 한재민, 한진, 한지혜, 한은욱, 한송희, 한성찬, 한석주, 한민호, 한민혁, 한만중, 한날, 한길수, 한경희, 하주현, 하정호, 하정필, 하인호, 하승우, 하승수, 하순em, 탁동철, 최육성, 최현숙, 최현middle, 최진규, 최주연, 최정윤, 최경아, 최은희, 최은경, 최은숙, 최은경, 최윤미, 최유리, 최원혜, 최우성, 최영식, 최연희, 최연정, 최승훈, 최승욱, 최수욱, 최선자, 최선경, 최봉선, 최보란, 최병우, 최미영, 최류미, 최대현, 최광용, 최경미, 최경련, 채효정, 채종민, 채민정, 차종숙, 차용훈, 진현, 진주형, 진용용, 진영준, 진낭, 지정순, 지수연, 주예진, 주순영, 조희정, 조현민, 조향미, 조해수, 조진희, 조지언, 조준혁, 조희희, 조윤성, 조원회, 조원배, 조용진, 조영현, 조영숙, 조영실, 조영선, 조여은, 조여경, 조성희, 조성실, 조성배, 조성대, 조석현, 조석영, 조남규, 조정에, 조경아, 조경삼, 조경미, 제남도, 정희영, 정흥용, 정현숙, 정혜레나, 정한경, 정춘수, 정진영a, 정진영b, 정진규, 정주리, 정종현, 정종민, 정재학, 정이든, 정은주, 정희영, 정은균, 정유진, 정유숙, 정유섭, 정원탁, 정원석, 정용주, 정예현, 정예순, 정소정, 정보라, 정민석, 정미숙a, 정미숙b, 정명옥, 정명영, 정득년, 정대수, 정남주, 정광호, 정광필, 정광일, 정관모, 정경원, 전해원, 전지훈, 전경희, 전유미, 전세란, 전보애, 전민기, 전미영, 전명훈, 전난희, 장근연, 장인하, 장은정, 장윤영, 장원영, 장시준, 장상욱, 장병훈, 장방언, 장병수, 장규근, 장근, 장경홍, 임혜정, 임향신, 임찬철, 임하영, 임지영, 임중혁, 임종길, 임정은, 임전수, 임수진, 임성빈, 임선영, 임상진, 임동헌, 임덕연, 임경환, 이희옥, 이희연, 이효진, 이호진, 이혜정, 이혜영, 이혜린, 이현, 이혁규, 이향숙, 이한진, 이하영, 이태영, 이치형, 이중근, 이중근, 이진희, 이진원, 이진주, 이진호, 이지홍, 이지혼, 이지형, 이지영, 이지연, 이중석, 이주희, 이주영, 이종은, 이정희a, 이정희b, 이재익, 이재은, 이재영, 이재후, 이인사, 이은희a, 이은향, 이은성, 이은진, 이은주, 이은영, 이은숙, 이은엽, 이윤승, 이윤선, 이윤미, 이윤경, 이유진, 이유진b, 이월녀, 이원님, 이용환, 이용석, 이용기, 이영화, 이영주, 이영아, 이연진, 이연주, 이연숙, 이연수, 이승헌, 이승태, 이승아, 이슬기, 이수현, 이수정a, 이수정b, 이수연, 이수미, 이성희, 이성호, 이성제, 이성숙, 이성수, 이선태, 이선영, 이선영a, 이선아, 이선애a, 이선미, 이상훈, 이상욱, 이상직, 이상원, 이상미, 이상대, 이병준, 이병곤, 이범희, 이민정, 이민아, 이민숙, 이미옥, 이미숙, 이미라, 이문영, 이명훈, 이명형, 이동철, 이동준, 이동범, 이다연, 이남숙, 이난영, 이나경, 이기자, 이기규, 이근철, 이근영, 이규빈, 이광연, 이경삼, 이경화, 이경주, 이경언, 이경림, 이경원, 이건희, 윤희연, 윤호영, 윤율은, 윤영호, 윤중섭, 윤영희, 윤수진, 윤상혁, 윤병일, 윤균식, 유효성, 유재을, 유영길, 유병준, 위양자, 원지영, 원윤희, 원성재, 우왕숙, 우지영, 우완, 우수경, 오준근, 오정오, 오재홍, 오은경, 오은경, 오은진, 오수진, 오세희, 오민식, 오명환, 오동석, 염영식, 여희영, 여태진, 엄창호, 엄재홍, 엄기호, 엄기욱, 양현애, 양해준, 양지선, 양순수, 양운숙, 양해재, 양세광, 양선아, 양서영, 양상진, 양근라, 안효빈, 안찬원, 안지유, 안준철, 안정선, 안옥수, 안영신, 안영희, 안순억, 심은보, 심우항, 심승희, 심우환, 심성훈, 심동우, 심나은, 심경일, 신혜선, 신경은, 신창호, 신장복, 신중식, 신은정, 신유은, 신소희, 신성연, 신선용, 신미정, 신미옥, 송호영, 송해란, 송한별, 송정은, 송인혜, 송용수, 송아미, 송승훈a, 송승훈b, 송승경, 송경화, 손혜아, 손진근, 손은경, 손영선, 손민정, 손미숙, 소수영, 성현석, 성열관, 성보란, 설은주, 설원민, 선미라, 석욱자, 석미화, 석경순, 서지연, 서정호, 서인선, 서은지, 서예린, 서명숙, 서금슨, 서강선, 상형규, 변현숙, 변나은, 백현희, 백승범, 배희철, 배주영, 배정현, 배이상현, 배영진, 배아영, 배성연, 배경내, 방득일, 방경내, 반영진, 박희진, 박방영, 박효정, 박후환조, 박혜숙, 박형진, 박현희, 박현숙, 박춘애, 박춘배, 박철호, 박진희, 박진환, 박진수, 박진교, 박지혁, 박지원, 박중구, 박정희, 박정미, 박재선, 박은하, 박은아, 박은경, 박용빈, 박옥주, 박옥균, 박영실, 박연지, 박신자, 박수진, 박수경, 박소현, 박세일, 박성규, 박선영, 박상현, 박복선, 박미희, 박미료, 박미영, 박명진, 박명숙, 박도경, 박대성, 박노혜, 박나헌, 박나윤, 박가형준, 박경화, 박경이, 박건혁, 박건진, 박연, 민병성, 문호진, 문용석, 문영주, 문연심, 문은희, 문수영, 문수경, 문명숙, 문경희, 모은정, 맹수용, 마승희, 류찬호, 류재향, 류우종, 류명숙, 류대현, 류경원, 도정철, 도방주, 데와 타카유키, 노란노, 노영현, 노경미, 남효숙, 남정민, 남승 정, 남유희, 남원호, 남예린, 남미자, 남구연, 나이름, 나라환, 김희숙, 김홍규, 김훈태, 김훈미, 김홍규, 김홍겸, 김혜영, 김혜림, 김현진, 김현주a, 김현주b, 김현영, 김현실, 김현배, 김해경, 김해정, 김해원, 김찬영, 김찬, 김진, 김진희, 김진주, 김진숙, 김진, 김지훈, 김지혜, 김지원, 김지준, 김지연a, 김지연b, 김지꽁, 김증미, 김준연, 김주영, 김종현, 김종진, 김종숙, 김종성, 김종선, 김정삼, 김재형, 김재현, 김재민, 김임은, 김인 순, 김인구, 김은아, 김은식, 김은수, 김은주, 김은수, 김은자, 김윤자, 김윤, 김원혜, 김원석, 김우영, 김용환, 김용훈, 김용양, 김용만, 김요한, 김형희, 김영진, 김영주, 김영재, 김영삼, 김영미, 김영모, 김영재a, 김영재b, 김연일, 김연미, 김은파, 김은아, 김은식, 김수연, 김수경, 김수연, 김순영, 김상경, 김소내, 김소영, 김 세호, 김세원, 김성탁, 김성숙, 김성봉, 김성보, 김선회, 김선혜, 김선우, 김선미, 김선구, 김석규, 김서영, 김상희, 김상정, 김봉석, 김보현, 김보경, 김병희, 김병준, 김병기, 김범주, 김민희, 김민섭, 김민선, 김민곤, 김민 결, 김미향, 김미진, 김미선, 김문수, 김문옥, 김민희, 김명섭, 김명섭, 김동현, 김동삼, 김동석, 김도석, 김다희, 김다영, 김남철, 김나혜, 김기훈, 김기연, 김규태, 김규빛, 김광빈, 김광민, 김고준호, 김경일, 김가연, 김지현, 기세라, 금현진, 금현호, 금혜영, 권혁주, 권정영, 권유나, 권윤수, 권미지, 국잔석, 구자숙, 구원희, 구원회, 구수연, 구본희, 구미숙, 광름, 곽혜영, 곽현주, 곽진경, 곽노은, 곽노근, 공현, 공진하, 공영아, 고춘식, 고진선, 고은경, 고유정, 고영주, 고영실, 고병헌, 고병연, 고민경, 고미아, 강화정, 강혜인, 강주현, 강현정, 강한아, 강태식, 강준희, 강인성, 강이진, 강은영, 강윤진, 강유미, 강영일, 강영구, 강손원, 강수돌, 강성규, 강석도, 강서형, 강경모

※ 2024년 11월 7일 기준 751명

별도의 표시가 없는 한 교육공동체 벗이 생산한 저작물은 크리에이티브 커먼즈 [저작자표시-비영리-변경금지 4.0 국제 라이선스]에 따라 이용하실 수 있습니다.
http://creativecommons.org/licenses/by-nc-nd/4.0

생활지도에 갇힌 학교
통제와 처벌, 분리의 벽을 넘어

ⓒ 하영 외, 2024

2024년 11월 28일 처음 펴냄

글쓴이 | 하영, 조영선, 조경미, 이윤승, 새시비비
편집부장 | 이진주
기획·편집 | 서경, 공현
출판자문위원 | 이상대, 박진환
디자인 | 이수정, 박대성
제작 | 세종 PNP

펴낸이 | 김기언
펴낸곳 | 교육공동체 벗
사무국 | 최승훈, 이진주, 설원민, 서경, 공현
출판등록 | 제2011-000022호(2011년 1월 14일)
주소 | (03971) 서울시 마포구 성미산로1길 30 2층
전화 | 02-332-0712
전송 | 0505-115-0712
홈페이지 | communebut.com

ISBN 978-89-6880-189-1 03370